SOMMAIRE

N° 249

juillet-septembre

DOSSIER

Politiques sociales européennes : différences et perspectives à partir de l'exemple de l'Allemagne et de la France

Un dossier dirigé par Étienne Dubslaff, Françoise Knopper et Sylvie Karsenty, introduit également par Olivier Dedieu

ÉDITORIAL

L'impact des élections régionales du 1er septembre 2024 en Thuringe et en Saxe

Le 1er septembre 2024, deux élections régionales particulièrement attendues ont eu lieu en Thuringe et en Saxe, deux Länder de l'Est dans lesquels les pronostics annonçaient une vigoureuse poussée du parti d'extrême droite *Alternative pour l'Allemagne* (AfD).

Les résultats en Thuringe étaient d'autant plus attendus que cinq ans auparavant ce Land avait été le théâtre de péripéties au cours desquelles un représentant du FDP[1] avait été élu ministre-président au troisième tour de scrutin avec le soutien de la CDU mais surtout de l'Afd avant de renoncer à son mandat sous la pression de la chancelière Merkel. Le Land était depuis à nouveau dirigé par le seul ministre-président issu du parti *Die Linke*, Bodo Ramelow, à la tête toutefois d'un gouvernement minoritaire composé de *Die Linke*, du SPD et des Verts, coalition qui avait déjà dirigé le Land de décembre 2014 à février 2020. Le paysage politique en Thuringe n'a pas été seulement modifié par le score de l'AfD arrivée première avec une bonne longueur d'avance devant la CDU mais aussi par les pertes sensibles (-17,9 points de pourcentage) du parti du ministre-président sortant au profit de l'Alliance Sahra

Résultats des élections en Thuringe

Résultats provisoires officiels en % – Gains et pertes des partis par rapport à 2019 en % – Répartition des sièges

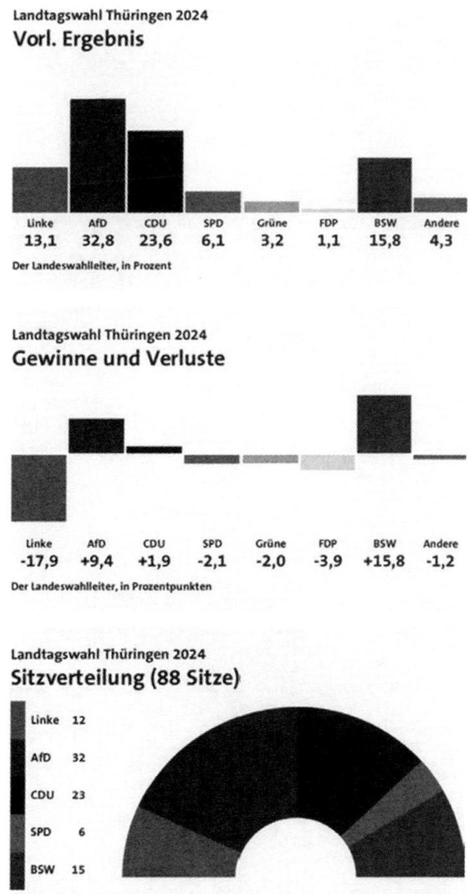

https://www.tagesschau.de/wahl/archiv/2024-09-01-LT-DE-TH/index-content.shtml

1. Wolfgang Kemmerich, ministre-président de Thuringe du 5 février au 4 mars 2020. Voir https://fr.wikipedia.org/wiki/Thomas_Kemmerich et https://www.diploweb.com/Allemagne-L-AfD-un-parti-d-extreme-droite-entre-recherche-de-respectabilite-et-radicalisation.html

Wagenknecht pour la raison et l'équité (*Bündnis Sahra Wagenknecht*) qui réunit, à, peine créée, 15,8 % des suffrages. Parti populiste de gauche combinant à une politique sociale une critique proche de celle de l'AfD de la politique migratoire et une critique du soutien de l'Allemagne à l'Ukraine. La répartition des sièges entre les partis et les règles qu'eux-mêmes ont édictées ne peuvent que rendre difficile la formation de coalitions de gouvernement.

Résultats des élections en Saxe

Résultats provisoires officiels en % – Gains et pertes des partis par rapport à 2019 en % – Répartition des sièges

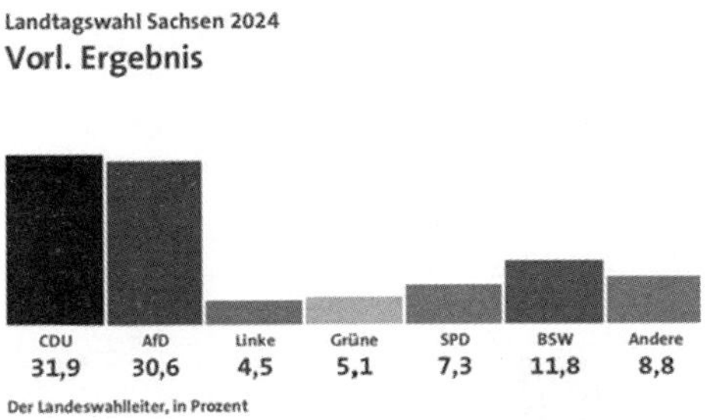

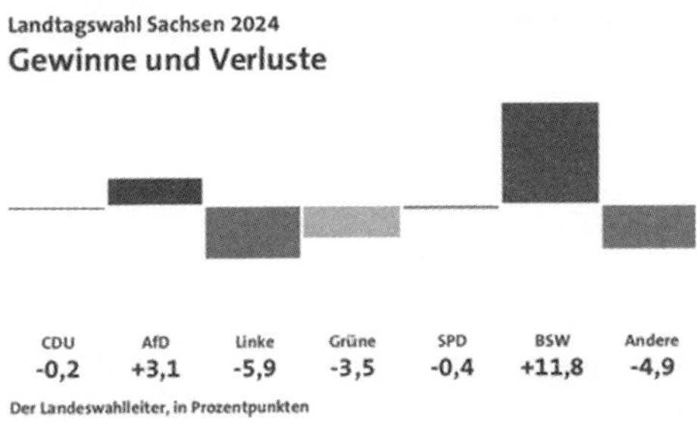

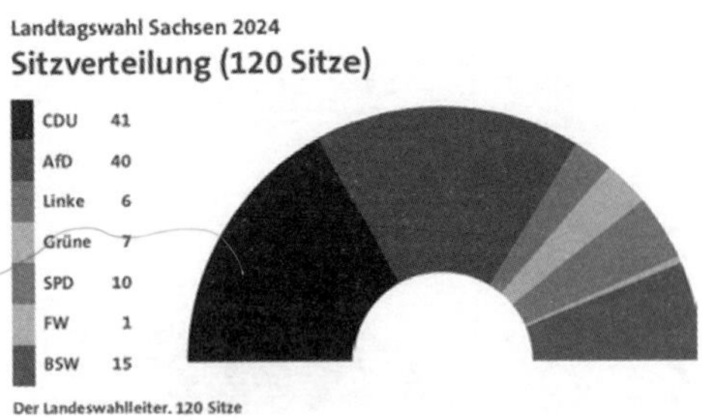

https://www.tagesschau.de/wahl/archiv/2024-09-01-LT-DE-SN/index-content.shtml

Sur la base de résultats à la fois semblables (poussée – contenue – de l'AfD et nette percée de BSW) et différents la situation semble moins critique en Saxe où la CDU dépasse légèrement l'AfD. Le ministre-président sortant, Michael Kretschmer, vise la formation d'un gouvernement durable et est prêt, pour ce faire, à parler avec tous les partis hors AfD et *Die Linke* (représentée au parlement de Dresde grâce aux mandats directs qu'elle a obtenus alors qu'elle n'a pas dépassé la barre des 5 %.). Le nouveau parti de S. Wagenknecht pourrait ne pas être frappé de la même mesure d'exclusion que Die Linke de la part de la CDU. Mais Sahra Wagenknecht a délibérément placé haut la barre d'un accord avec les Chrétiens-démocrates en demandant que le prochain gouvernemeent de Saxe fasse pression pour que l'Allemagne cesse de livrer des armes à l'Ukraine et s'engage sur la voie de la négociation diplomatique pour mettre un terme à la guerre – un sujet qui ne relève pas de la politique d'un Land mais peut avoir une valeur déclaratoire non négligeable et influencer le débat dans le pays.

On le voit, le paysage politiquer évolue en Allemagne : la poussée de l'AfD et sans doute plus encore la percée du BSW obligent les partis à redéfinir leur position sur ceux qui appartiennent à l'« arc républicain », avec lesquels ils acceptent donc de former des coalitions gouvernementales dans le respect de la démocratie. La poussée de l'AfD reste peut-être résistible, pourtant l'espoir qu'avaient fait naître les manifestations du début de l'année 2024 contre l'extrême droite ont été déçus[2]. » Début septembre 2024, l'institut de sondage *Forschungsgruppe Wahlen* place la CDU à 33 % des intentions de vote au niveau national (élections fédérales prévues à l'automne 2025), le SPD à 15 % et les Verts à 11 %, mais le FDP est à 4 % ! L'AfD obtiendrait 17 % des suffrages et la BSW 7 %. Ces chiffres ne représentent certes qu'un instantané des intentions de vote mais ils indiquent aussi des tendances. Le FDP n'est plus assuré de son avenir et

2. Voir notre éditorial « Vent mauvais pour l'AfD » dans AA No 248 (II-2024) p. 3-5 et notre dossier « Une résistible ascension de l'AfD ? » in AA, No 247 (I-2024), en particulier notre éditorial, p. 3-10.

hésite entre radicalité libérale et politique du pire, d'aucuns – dont Wolfgang Kubicki, vice-président du parti et vice-président du Bundestag – recommandant au parti de quitter la coalition gouvernementale. Provoquer le chaos dans l'attente d'élections anticipées ?

Les commentateurs allemands comme étrangers ne se sont pas fait faute de remarquer que les partis de la coalition tricolore ne rassemblaient en Thuringe que 10,4 % des voix et en Saxe un peu plus de 12 %, le FDP disparaissant des statistiques en dessous de 3 %. Si au niveau fédéral, ils sont quand même à 30 % des intentions de vote, cela n'a rien de glorieux. La coalition tricolore semble ne se maintenir au pouvoir que grâce aux institutions allemandes qui font qu'un chancelier ne peut être renversé que par l'élection de son successeur, par le remplacement de la coalition au pouvoir par une nouvelle coalition. En l'occurrence laquelle pour le FDP si celui-ci reste en dessous de 5 % des voix ?

Avant la sortie de ce numéro d'*Allemagne d'aujourd'hui*, de nouvelles élections régionales auront eu lieu (le 22 septembre) dans le Land de Brandebourg actuellement dirigé par un ministre-président social-démocrate, Dietmar Woidke, à la tête d'une coalition associant au SPD la CDU et les Verts. À la date du 5 septembre 2024, le pronostic le plus récent dû à infratest/dimap[3] signale une poussée de l'AfD qui profiterait de ses scores en Thuringe et en Saxe : avec 27 % des intentions de vote, le parti viendrait en tête devant le SPD (23 %) et la CDU (18 %) tandis que les Verts, avec tout juste 5 %, ne seraient pas assurés de rentrer au Landtag de Potsdam, ce qui compromettrait la reconduction de la coalition sortante. Le BSW est, quant à lui, crédité de 15 % des intentions de vote et pourrait jouer un rôle déterminant dans la formation d'une coalition. Les résultats obtenus par le FDP et les Verts dans l'Est de l'Allemagne s'expliquent aussi par le fait que ces partis n'ont jamais réellement réussi à y prendre pied.

Notre prochain numéro tentera d'analyser les éléments de ces transformations du paysage politique allemand. Son sommaire est indiqué en page IV de couverture.

– Jérôme VAILLANT –

3. https://www.wahlrecht.de/umfragen/landtage/brandenburg.htm

DOSSIER

Politiques sociales européennes : différences et perspectives à partir de l'exemple de l'Allemagne et de la France

Un dossier dirigé par Étienne Dubslaff, Françoise Knopper et Sylvie Karsenty, introduit également par Olivier Dedieu*

INTRODUCTION

Politiques sociales en Allemagne et en France au regard de la dimension européenne

Le présent dossier repose largement sur les contributions réunies pour un colloque qui s'est tenu en septembre 2023 à l'Université Paul-Valéry Montpellier 3, et était consacré aux « Politiques sociales européennes : différences et perspectives à partir de l'exemple de l'Allemagne et de la France ». Une double actualité a poussé les organisateurs du CREG, du Mouvement européen de l'Hérault, de la Maison de l'Europe de Montpellier et leurs partenaires à concevoir ce colloque. D'une part, il y avait l'actualité brûlante française et d'autre part, la perspective des élections européennes de juin 2024. Nous cherchions à comprendre comment expliquer historiquement les différences dans les cultures politiques mais aussi dans les fonctionnements institutionnels (processus législatifs, communication politique, rôle des partenaires sociaux, etc.) entre la France et l'Allemagne, différences que semblaient exemplifier jusqu'à la caricature la mise en place de la réforme des retraites et sa contestation massive en France qui juraient avec l'adoption quasi-consensuelle de plusieurs réformes sociales pourtant lourdes de conséquences au cours des dernières décennies outre-Rhin. On serait tenté de conclure hâtivement à une opposition fondamentale entre un réformisme consensuel en Allemagne et une propension à la lutte frontale dans une France qui s'en trouverait irréformable. En s'en tenant à cela, on risquerait d'accréditer des préjugés plutôt que de les déconstruire.

La pertinence de cette opposition méritait donc en soi d'être interrogée. Et ce d'autant plus qu'elle ne concerne que le mode d'action politique. Car, sur le plan des contenus, la tendance profonde qui consiste à reculer l'âge de départ à la retraite et à allonger les carrières est analogue dans les deux pays, alors même que les contextes sociaux, économiques et démographiques divergent. Aussi convenait-il de se pencher sur les cadres structurels et conjoncturels dans lesquels interviennent les réformes.

Afin d'interroger le bienfondé de ces thèses et d'essayer de résoudre les paradoxes apparents entre les modes d'action et les contenus, il nous a semblé opportun d'élargir les perspectives. D'une part, en nous intéressant à des facettes variées des politiques sociales et d'autre part en cherchant à comprendre le rôle de la construction et les politiques européennes dans le rapprochement ou non des politiques sociales nationales des États membres. La question de la tendance

* Étienne Dubslaff, Maître de conférences en civilisation allemande à l'Université Paris Nanterre et membre du CEREG.

Françoise Knopper, Germaniste, professeur émérite, CREG, université Toulouse Jean Jaurès.

Sylvie Karsenty, Présidente du Mouvement européen-Hérault.

Olivier Dedieu, Directeur de la Maison de l'Europe de Montpellier.

à la convergence en matière de politique sociale sera étudiée au prisme du rapprochement politique franco-allemand et de la construction européenne.

Dans une ample rétrospective historique, **Hans Stark** rappelle que la dimension sociale de la construction européenne n'a pas été une priorité de premier ordre pour ses pères fondateurs. Des progrès ont certes vu le jour – comme l'introduction du Fonds social européen ou du Fonds de cohésion –, mais la France et l'Allemagne n'ont pas été à l'initiative de ces mesures. Les deux pays ont souvent souffert de leurs divergences en matière de politique économique et monétaire à l'exception notoire de la période qui va de l'Acte unique européen au Traité de Maastricht. Les crises économiques qui frappent l'Europe depuis une quinzaine d'années rendent d'ailleurs difficile un rapprochement entre Paris et Berlin sur les questions sociales. Aujourd'hui, c'est pour l'essentiel la Commission européenne qui est à l'origine de la poursuite d'une stratégie sociale européenne. Force est toutefois de souligner que les dirigeants français et allemands – qui ont gardé un filet social intact au sein de leurs pays – ne s'opposent pas à une poursuite des travaux sur l'Europe sociale, à la condition, et c'est pour l'essentiel la position allemande, que les équilibres budgétaires soient respectés.

Examinant six programmes publiés en Allemagne et en France lors de la campagne des élections européennes du 9 juin 2024 et tenant compte des groupes politiques du Parlement européen PPE, S&D et Patriotes, l'article de **Françoise Knopper** et d'**Étienne Dubslaff** intitulé « Politique sociale ou politiques sociales ? » analyse, au-delà des revendications communes, des traces de cultures nationales dans le discours. Les priorités que chacun se donnait ne sont en effet pas uniquement orientées vers une Europe sociale mais résultent également de préoccupations et de cultures nationales, l'enjeu étant pour chacun de réussir à ménager ce délicat équilibre qui permettrait de concilier compétences nationales et gestion européenne de ces politiques sociales. **Felix Syrovatka** montre que les retraites jouent un rôle opposé dans les économies nationales allemande et française. Étant donné que l'économie allemande est tournée vers les exportations, les cotisations patronales aux caisses de retraite sont considérées avant tout comme autant de charges qui nuisent à la compétitivité des biens. Inversement, la France voit en les retraités des consommateurs convoités d'une économie autrement tournée vers la consommation intérieure. Partant, elles y sont nettement plus élevées.

En vue de comprendre les spécificités du contexte socio-économique, mais aussi les représentations en présence en Allemagne, deux contributions s'intéressent aux conséquences de l'unification allemande sur le système économico-social de la RFA. Celle de **Sophie Bouiller** rappelle les fondements idéologiques des systèmes sociaux en RFA et en RDA avant l'unification nationale allemande et décrit comment le système ouest-allemand fut étendu au territoire de la RDA en 1990 sans donner lieu à une refonte du système, quitte à mettre en péril son financement. D'où des réformes qui tendent à diminuer les droits depuis la fin des années 1990. La question de l'élargissement du système économico-social occidental aux anciens territoires de la RDA est également au cœur de l'article que **Birte Gnaegy** consacre au roman *Unterleuten* (2016) de Juli Zeh. Ce roman met en scène les conflits qui éclatent dans un village du Brandebourg du fait de la confrontation de mentalités et de représentations opposées quant au travail, au capitalisme et à la spéculation foncière venue de l'Ouest et qui menace la cohésion sociale sur place. **Pierre-Frédéric Weber** retrace les grandes évolutions dans les politiques sociales polonaises et montre que les efforts de libéralisation consentis au lendemain de l'effondrement du bloc communiste ont indéniablement dynamisé l'économie polonaise sans pour autant bénéficier aux Polonais, faute de redistribution de la richesse créée. Le PiS a su profiter de cet état de fait pour se hisser au pouvoir. Tout à son projet nataliste et xénophobe, il a mené une politique sociale généreuse à l'égard des familles sans parvenir à enrayer pour autant le déclin démographique.

Des articles regroupés dans la première partie de ce dossier se dégagent donc plusieurs grandes lignes. Tout d'abord le constat que le tandem franco-allemand n'a pas joué un rôle de premier plan dans la construction d'une Europe sociale, si bien que les moments où cela s'est produit méritent de retenir l'attention, à l'enseigne de l'Acte unique, entré en vigueur en 1987, puis du Fonds de cohésion, créé en 1994, car ils ont bénéficié du soutien du chancelier allemand et du président français, bien que tous deux aient eu des motivations différentes (H. Stark). Plus consensuel, le plan de relance de 2020 a permis de faire face à une crise sanitaire de grande ampleur. Croiser les histoires des politiques sociales sert aussi à souligner les décalages chronologiques dans les préoccupations des uns et des autres : actuellement, en Allemagne, les frustrations à l'Est (S. Bouillet, B. Gnaegy), en France la lutte contre le chômage dans le Nord et l'Est, entre autres. Pourtant l'urgence est partout de répondre à des questions sociétales et des relents xénophobes qui sont comparables d'un État à l'autre, y compris dans des pays voisins comme la Pologne (P.F. Weber), bien qu'ici encore l'origine en soit tributaire de configurations géographiques et culturelles spécifiques. Cette semi-convergence se manifeste dans les points communs qui figurent dans les programmes des candidats aux élections européennes (F. Knopper et E. Dubslaff) ou dans l'objet des subventions allouées par la CEB pour financer l'aide aux plus démunis et en particulier des programmes de logement social pour l'UE, et pour l'Allemagne en 2017 et 2019 (S. Gaudin). Enfin, le présent dossier apporte des exemples de la manière dont s'imbriquent en permanence les deux niveaux, celui de l'UE et celui des États membres. Même quand elles sont communes, les solutions se doivent de répondre aux priorités nationales respectives, en l'occurrence l'attachement de la France au marché intérieur et celui de l'Allemagne à l'ordolibéralisme et à « des fondements sociopolitiques qui soutiennent ou du moins favorisent l'orientation exportatrice » (F. Syrovatka), à savoir une politique favorable aux entreprises et réduisant les coûts salariaux. Ce qui explique qu'on ait pu plus facilement accepter en Allemagne des réformes concernant les retraites, lesquelles y « sont perçues comme un facteur négatif de coût » (*id.*)

Si l'approche comparée répond au fait que les politiques sociales sont une prérogative nationale et que l'harmonisation de la législation à l'échelle européenne ne paraît pas à l'ordre du jour, c'est pourtant à cette échelle que s'ouvrent des perspectives liées à des enjeux socio-économiques communs, avec des cadres de référence et des avancées juridiques. Que ce soit du côté de la législation ou de celui de la représentation des salariés auprès des institutions et des organisations patronales européennes, cette dimension prend une importance accrue dans une Union à 27 où la moyenne de l'investissement social en pourcentage du PIB en 2022 était de 27 %, avec des écarts allant de 32,2 % (en France) et 29,2 % (en Allemagne) à 13,8 % (en Roumanie)[1]. Alors, que fait l'Union européenne en matière de protection sociale ?

À l'origine du projet européen, son rôle paraît limité. Le Traité de Rome, instituant en 1957 la Communauté économique européenne (CEE), visait explicitement à assurer le « progrès économique et social » des six États membres (France, Allemagne de l'Ouest, Italie, Belgique, Luxembourg et Pays-Bas) grâce à une politique économique et commerciale commune appuyée sur une levée progressive des barrières douanières et garante de prospérité. En complément, pour mobiliser et sécuriser les travailleurs des États membres, le Traité de Rome instituait le Fonds social européen (FSE), premier fonds structurel de l'UE, destiné à financer leur reconversion et leur mobilité. Sont détaillés et commentés dans les communications réunies ci-après

1. La protection sociale en France et en Europe en 2022 – Résultats des comptes de la protection sociale – Édition 2023 | Direction de la recherche, des études, de l'évaluation et des statistiques (solidarites-sante.gouv.fr).

les jalons historiques du progrès depuis la naissance du « dialogue social européen » sous l'impulsion de Jacques Delors, président de la commission européenne de 1985 à 1995, permettant la participation des partenaires sociaux à la création des normes sociales de la CEE tandis que l'*Acte Unique européen* (1986) ouvrait la voie au marché unique. Ils marquent le renforcement de la dimension sociale de la construction européenne au fil des diverses crises survenues, comme en 2020 avec le plan de relance *Next Generation EU* lors de la pandémie du Covid. Un notable accroissement d'initiatives et de législations concernant l'emploi, la protection des salariés et des populations a fait, jusqu'à la dernière mandature parlementaire de 2024, indéniablement progresser les droits sociaux européens. Citons pour mémoire ici les décisions majeures depuis 7 ans : 2017, le Socle européen des droits sociaux, destiné à guider les politiques respectives des États membres et faire avancer l'UE vers l'harmonisation des garanties et des relations entre les partenaires sociaux ; 2021, le sommet de Porto avec ses objectifs chiffrés à atteindre d'ici 2030 dans les domaines de l'emploi, de la formation et de l'aide aux plus démunis ; 2021-2027, dotation du Fonds social européen + d'un budget de 88 milliards d'euros ; 2023/24, adoption par le Parlement européen de directives allant des salaires minimums garantis au sein des États membres à la création d'un fonds social pour le climat, voté en 2023 en vue d'une application en 2026.

Autant d'avancées significatives, mais ne sont-elles pas fragilisées par l'ampleur des nouveaux chocs géopolitiques aux frontières européennes, la déstabilisation de l'économie et des marchés, la transition climatique, les crises et manifestations sociales qui en découlent ? L'échelle européenne est aussi désormais celle des conflits sociaux, tel, début 2024, celui des agriculteurs qui se sont mobilisés simultanément dans divers pays de l'UE, leurs revendications incluant des questions de protection et d'équité sociales tant en matière de revenu minimum que de garanties de retraite. Et c'est d'ailleurs aussi celle où se jouent la défense des travailleurs et le mouvement syndical, à preuve les 103 organisations affiliées à la Confédération européenne des syndicats (CES) qui se réunissent quatre fois par an à Bruxelles pour un comité exécutif dans l'hémicycle du Comité économique et social européen. Le constat de cette dimension sociale européenne s'impose, même si d'importants efforts de progression et d'harmonisation restent à faire et sont revendiqués par les défenseurs d'une Union plus intégrée et largement protectrice.

Si cette dynamique sociale paraît bien être à l'œuvre, quels en sont les aspects tangibles sous les divers angles institutionnel, politique, sociétal, économique et juridique ? Les communications réunies ci-après dressent un panorama précisément documenté qui, outre l'historique des avancées, trace les perspectives et les enjeux dans ce domaine où l'UE tient une position éminente au regard du reste du monde. La contribution de **Peter-Christian Müller-Graff** vise à montrer comment, du point de vue juridique, l'Union européenne est en capacité de favoriser la convergence sociale entre États membres. Il aborde la question sous l'angle des compétences européennes définies par les traités, des législations mises en œuvre par l'Union, mais aussi de la charte des droits fondamentaux et de son application jurisprudentielle. Il s'agit dès lors de mesurer la portée de cette politique sociale souvent mésestimée, tant la question du marché intérieur est une valeur cardinale du projet européen, et d'analyser comment elle peut trouver sa place dans un domaine, le social, qui demeure une prérogative majeure des États membres. **Sandrine Gaudin** définit l'Europe sociale comme « une politique d'avenir ». Elle retrace la succession des décisions législatives et des initiatives prises de 1957 (Traité de Rome) à 2020 (plan de relance *Next Generation EU*), en mettant en perspective l'évolution des capacités d'intervention politique et financière, avec une réglementation qui s'est étoffée pour couvrir une grande variété de domaines d'accompagnement social. Il s'agit aussi de présenter, aux côtés des structures institutionnelles et de la Commission européenne qui octroie les subventions, l'action essentielle, quoique méconnue, et la stratégie financière d'organisations non gouvernementales comme la Banque de développement du Conseil de l'Europe (CEB) dont elle est vice-gouverneur. **Laurent Cappelletti** et **Mélinda Chehimi** présentent un pan nouveau et novateur des politiques sociales de l'UE, reposant sur la responsabilisation des grands acteurs socio-économiques que sont les entreprises cotées en bourse au sein de la Communauté. Sans déroger au respect des compétences propres aux États membres ni légiférer, une « voie plus douce de progrès social » s'appuie sur la Responsabilité sociale des entreprises (RSE) étendue à leur « durabilité ». Cette dernière doit faire l'objet d'un rapport annuel standardisé (reporting de RSE et de développement durable), obligatoire à partir de 2024 en application d'une directive de 2023, où sont comptabilisés et publiés leurs résultats extra-financiers sociaux et environnementaux. Les auteurs analysent, théorisent et explicitent tant les concepts économiques que la mise en œuvre et les effets attendus de ces dispositions contribuant à faire de l'UE l'entité politique la plus avancée en termes sociaux et environnementaux. **Jean-Michel Arrivé** pose la nécessité d'un accompagnement social des réformes initiées au niveau européen pour l'adaptation au changement climatique, aux évolutions numériques, aux bouleversements géopolitiques, et que l'on en débatte à ce niveau. S'agissant de la capacité de réglementation sociale de l'UE au regard de la prérogative des États membres, il énonce l'ensemble des objectifs, dispositifs et financements actés au fil des traités, législations et directives depuis sa création et de façon accrue ces dix dernières années de mandature parlementaire. Favorable à un renforcement de l'intégration, il plaide pour un modèle social européen plus largement protecteur des citoyens de l'Union et porteur de réformes liées aux transitions en cours.

Que soient ici remerciés les associations qui ont bien voulu soutenir notre manifestation tant scientifiquement que financièrement : le Fonds citoyen franco-allemand, et, à Montpellier, l'Université Paul-Valéry Montpellier 3 et le CREG (Montpellier et Toulouse), la Maison de Heidelberg, la Maison de l'Europe et le Mouvement Européen de l'Hérault, initiateur du projet.

– Étienne DUBSLAFF,
Françoise KNOPPER,
Sylvie KARSENTY,
Olivier DEDIEU –

Hans Stark

La France et l'Allemagne face aux enjeux de la politique sociale de l'Union européenne

Depuis la signature des Traités de Rome en 1957, la dimension sociale de la construction européenne s'est progressivement imposée dans les négociations entre les États membres et elle fait aujourd'hui partie intégrante de l'acquis communautaire. Toutefois, elle joue toujours un rôle plutôt secondaire à l'échelle de l'Union. Les domaines prioritaires de l'intégration au niveau économique sont l'union douanière, le marché intérieur ainsi que l'union économique et monétaire. La politique sociale de l'UE consistait plutôt à amortir les effets négatifs de l'intégration commerciale, économique et monétaire qu'à infléchir une philosophie économique clairement axée sur la compétitivité des entreprises et le libre-échange. La justice sociale, si elle n'est pas étrangère aux valeurs de l'UE rappelées dans l'article 2 du traité de Lisbonne et dans la charte des droits fondamentaux et qui défend *aussi* la stabilité et la paix intérieures des sociétés des États membres, n'a jamais été une priorité de premier ordre pour l'Union. D'autant qu'il s'agit d'une notion à laquelle tous les États membres n'attachent pas la même importance et qui, de surcroît, fait surtout partie des domaines qui relèvent prioritairement des champs de compétence des États membres, la politique sociale étant par excellence une matière gérée pour l'essentiel à l'échelle nationale.

Il ne peut guère en être autrement, car le champ d'action sociale s'inscrit d'abord et avant tout dans un cadre fiscal et budgétaire. Or l'UE n'a pas de compétence en matière de politique fiscale et le budget de l'UE est très restreint. Autrement dit, l'UE n'a pas l'ambition politique ni les moyens financiers de se substituer aux États membres pour mener à l'échelle européenne une politique sociale globale. Une telle orientation se heurterait d'ailleurs à la fois aux règles de la subsidiarité, aux aléas d'une nouvelle révision des traités (avec une ratification à l'unanimité), à l'absence d'une suffisante solidarité transnationale (la crise grecque des années 2010-2015 en témoigne), à la montée en puissance de partis populistes d'extrême droite hostiles à des transferts de souveraineté, mais aussi à des divergences entre partis de la droite et de la gauche « classiques » quant aux enjeux de cohésion socio-économique. Enfin, on observe évidemment aussi la persistance de clivages profonds entre les partis au sein des États membres sur cette thématique : en Allemagne, la coalition feu tricolore se déchire au sujet des dépenses sociales et en France, si une « coalition républicaine » demeure introuvable après la dissolution de l'Assemblée nationale, c'est aussi en raison de l'absence totale d'accord entre les partis du « Nouveau Front Populaire » (NFP) et la droite modérée sur les enjeux économiques, fiscaux et budgétaires. Si le traitement des inégalités sociales divise autant les États membres à l'échelle nationale, comment imaginer qu'une UE, composée de 27 pays démographiquement et économiquement très différents, puisse gérer cette question à l'échelle européenne ?

Aussi n'est-il point surprenant que la France et l'Allemagne ne jouent pas en matière de politique sociale le même rôle qu'elles ont assumé pendant les négociations sur les réformes institutionnelles ou bien l'Europe de la défense. Et ce, non seulement en raison des difficultés intrinsèques pour définir un « agenda social » à l'échelle de l'UE, mais aussi, voire surtout, à cause des divergences majeures entre la France et l'Allemagne en matière de politique sociale. Si les deux pays sont l'un pour l'autre des partenaires commerciaux privilégiés, ils ne partagent pas la même philosophie économique. L'Allemagne poursuit une politique économique marquée par l'ordolibéralisme, la maîtrise des dépenses publiques (aux dépens des investissements publics) et une politique commerciale expansive (au détriment de ses partenaires), alors que la France a une longue tradition d'intervention de l'État dans l'économie, qu'elle est le troisième pays le plus endetté de l'UE, que sa balance commerciale est structurellement déficitaire et que la priorité est accordée à la consommation intérieure (domaine négligé en Allemagne). Au niveau politique, les relations entre le parti social-démocrate allemand d'un côté et les partis français du NFP sont peu structurées, comme c'est également le cas au niveau des rapports entre les Verts allemands et français, ainsi qu'entre la CDU-CSU et les partis français de la droite modérée et républicaine. À cela s'ajoute le fait que les partis allemands et français issus d'une même famille politique n'ont que très rarement gouverné en même temps depuis les débuts de l'intégration européenne. Et quand ce fut le cas – entre 1998 et 2002, la gauche était au pouvoir dans les deux pays – le SPD allemand s'est rapproché du parti Labour en Grande-Bretagne et non pas du PS français. De même, alors que la droite gouverne dans les deux pays entre 2005 et 2012, il n'y a non seulement pas eu de rapprochement sur les questions économiques entre Républicains et Chrétiens-Démocrates, mais on a même vu les deux pays prendre des positions très différentes pendant la crise financière de 2007 à 2009 et la crise de la zone monétaire qui éclate en 2010. Enfin, les nombreuses propositions d'Emmanuel Macron visant à faire avancer la construction européenne après son élection à l'Élysée en 2017 n'ont pas suscité de réponse constructive en Allemagne jusqu'à la crise du Covid de 2020. Cette dernière a eu en revanche « l'avantage » de voir Paris et Berlin tomber d'accord sur un plan de relance économique de 750 milliards d'euros, financés par des emprunts communs, pour soutenir l'activité dans l'Union face au choc de la crise sanitaire. Au niveau syndical enfin, les différences sont également énormes entre les deux pays. Le taux de syndicalisation de la population active est plus important en Allemagne qu'en France. Et les syndicats allemands sont moins éclatés que leurs homologues allemands. En revanche, le potentiel de mobilisation de grévistes en cas de conflit social s'avère bien plus important en France qu'en Allemagne. Compte tenu de ces différences, l'impact de la coopération franco-allemande sur le volet social de l'UE est resté marginal, même si, au fil des années et au gré des différents traités européens signés depuis 1957, un début d'entente franco-allemande et européenne sur l'accompagnement social de la construction économique de l'espace communautaire a indéniablement vu le jour.

Les débuts de la construction européenne – une Communauté économique sans dimension sociale

Durant les négociations à Val Duchesse, en 1956, qui devaient aboutir à la signature des Traités de Rome en mars 1957, la France a insisté pour inclure dans les travaux une perspective permettant d'harmoniser les législations des Six en matière de politique sociale. Non pas en raison d'une inclination pour des solutions supranationales auxquelles Paris, après l'échec de la CED, n'était plus tellement favorable, mais en raison de l'avancée de la France en matière de législation sociale depuis la victoire du Front Populaire en 1936. Paris craignait en 1956 que les acquis sociaux dont profitaient les ouvriers français se traduiraient par une perte de compétitivité économique si les autres pays membres de la future CEE n'adoptaient pas les mêmes règles. D'où également, côté français, des réticences à accepter une réduction trop rapide des barrières douanières. Dans la République fédérale en revanche, le ministre de l'Économie Ludwig Erhard militait en faveur d'une Europe plus large, ouverte sur la Grande-Bretagne et les pays scandinaves, voire les États-Unis. Il se montrait surtout favorable au libre-échange et aux accords GATT tout en rejetant des mesures d'harmonisation sociale. Le Chancelier Adenauer devait personnellement intervenir pour rapprocher les positions ouest-allemandes de celles de la France, ce qui s'est traduit par un compromis reposant sur le plus petit dénominateur commun entre les deux pays[1].

Signés en mars 1957, les Traités de Rome établissent la Communauté économique européenne (CEE) et avec elle le Fonds social européen. Loin de procéder à une harmonisation des politiques sociales européennes demandée par le gouvernement de Guy Mollet, le fonds poursuivait alors deux objectifs : aider à la reconversion des travailleurs, par l'octroi d'allocations, et à leur mobilité, par des mesures de réinstallation. Il se focalisait notamment sur la gestion de la migration des travailleurs en Europe en agissant dans les régions défavorisées des pays de la CEE, à l'époque le Mezzogiorno italien et les départements français d'outremer. Dès le départ, on observe donc une tendance à la régionalisation du Fonds social européen qui s'est accentuée au fil des années avec l'adhésion à la CEE du Royaume-Uni et de l'Irlande en 1973 puis de la Grèce en 1981, ainsi que de l'Espagne et du Portugal en 1986. En revanche, le Fonds social européen n'avait pas de pouvoir de régulation des législations sociales au niveau européen : le droit du travail et la législation sociale relevaient de la compétence exclusive des États membres.

L'économie européenne bénéficiant alors d'une période de très forte croissance économique et d'augmentation du niveau de vie, les Six profitent de changements économiques et sociaux majeurs qui sont le résultat non pas de luttes sociales préalables, mais de la reconstruction économique après la guerre, de progrès techniques considérables, d'une croissance forte de la production industrielle (environ 5 % de PIB par an), d'une croissance démographique importante alimentant la consommation des ménages et d'une situation de plein emploi nécessitant même le recours à de la main-d'œuvre immigrée. En d'autres termes, la situation économique des années soixante ne nécessitait guère le recours à des politiques d'accompagnement social à l'échelle communautaire. Les mesures de redistribution des richesses – une dimension très importante en RFA en raison du nombre élevé de victimes des bombardements alliés

1. Hanns-Jürgen Küsters, *Die Gründung der Europäischen Wirtschaftsgemeinschaft*, Baden-Baden, 1983.

et de veuves de guerre – ont été prises à l'échelle nationale et non pas européenne. Enfin, en France, la donnée a de toute façon radicalement changé avec l'arrivée au pouvoir du général de Gaulle en 1958 qui était très hostile à des politiques de transferts de souveraineté qu'une politique sociale européenne se substituant, ne fût-ce que partiellement à celles des États membres, aurait forcément introduits. Aussi, si la RFA s'est opposée à un volet social européen dans les années 1950, la France s'y est montrée hostile durant les années 1960. La réticence à l'égard d'une réglementation supranationale de la politique sociale et la décision selon laquelle la politique sociale doit être en premier lieu la tâche des États membres se reflètent dans les articles 117 à 122 des traités de 1957. La dimension sociale des Traités de Rome se limite à ordonner aux États membres de garantir la libre circulation des travailleurs au sein de la Communauté et de régler les questions de sécurité sociale des citoyens européens travaillant dans un autre pays de la Communauté que leur pays d'origine. La politique de l'emploi au sein de la CEE a été soutenue financièrement par le Fonds social européen déjà mentionné, dont l'objectif et les moyens financiers sont toutefois restés relativement limités jusqu'au milieu des années 1970[2].

De la fin des Trente Glorieuses à l'adoption de l'Acte unique européen

La période de plein emploi qui marque la politique économique européenne entre 1958 et 1973 prend fin après le Premier Choc pétrolier de 1973. Très vite, le FSE devient – au sein de la CEE – un instrument privilégié dans la lutte contre le chômage et cible des catégories spécifiques de personnes, comme les travailleurs peu qualifiés. L'activité du fonds doit permettre non seulement de lutter contre le chômage structurel, mais aussi de décider des opérations en commun en matière d'emploi pour accompagner les mesures concernées dans le domaine industriel. Dans un premier temps réservé aux organismes publics, le FSE s'ouvre à la fin des années 1970 aux structures et organismes privés (employeurs, syndicats ou encore entreprises individuelles), dont l'influence, à travers les structures de lobbying basées notamment à Bruxelles, ne cesse de croître. Trois raisons expliquent ce changement. D'abord et surtout, les États membres sont confrontés au problème d'un chômage de masse qui devient structurel à partir du milieu des années 1970. À la fin de la décennie, qui a subi un deuxième choc pétrolier en 1979, il touche environ 10 % de la population active dans l'Europe des Neuf. Par ailleurs, après le sommet européen de La Haye de 1969, les pays membres de la CEE s'engagent sur la voie de la réalisation d'une Union économique et monétaire. Le projet sera certes mis entre parenthèses au milieu des années 1970 (pour ressusciter à la fin des années 1980), mais en 1972 (sommet de Paris), les Six se mettent d'accord pour accorder la même importance aux enjeux socio-économiques qu'aux défis monétaires. Enfin, sous le gouvernement du chancelier social-démocrate Willy Brandt, l'Allemagne fédérale, engagée depuis 1969 dans une logique keynésienne de dépenses publiques, mène une politique sociale très ambitieuse et souhaite traduire cette orientation dans des actes réglementaires européens, perspective à laquelle Georges Pompidou, élu Président de la République en 1969, n'est pas hostile. L'ampleur de la crise économique qui frappe l'Europe de l'Ouest à partir de 1974 va toutefois se solder par un abandon des mesures keynésiennes et par l'adoption d'une politique de rigueur budgétaire, notamment en RFA où Willy

2. Wolfgang Kowalsky, *Europäische Sozialpolitik. Ausgangsbedingungen, Antriebskräfte und Entwicklungspotentiale*, Opladen, 1999.

Brandt cède son poste de chancelier à Helmut Schmidt. Valéry Giscard d'Estaing, ancien ministre de l'Économie et des Finances sous Pompidou, élu à la présidence de la République française en 1974 opte pour le même tournant de rigueur. L'arrivée de Raymond Barre à Matignon en 1976 conforte d'ailleurs cette orientation. Ensemble, la France et l'Allemagne fédérale s'engagent donc dans une politique économique axée sur l'offre, la lutte contre l'inflation et la réduction des dépenses publiques[3], ce qui ne peut qu'affaiblir les moyens financiers accordés au budget de la CEE pour soutenir l'action du Fonds social européen.

Le retour de la croissance économique à partir de 1983/1984 et la nomination de Jacques Delors à la présidence de la Commission européenne en 1985 ouvrent une nouvelle phase propice à l'approfondissement de la construction européenne. En juillet 1987 entre en vigueur l'Acte unique européen, dont la principale réforme sera la transformation du marché commun en un marché unique sans barrières tarifaires, ni non tarifaires. L'Acte unique s'est donné pour objectif la réalisation d'un véritable marché intérieur avant la fin de l'année 1992. Ce qui rendait nécessaire l'adoption de près de 300 directives permettant le démantèlement des barrières physiques, politiques et fiscales qui faisaient encore obstacle à la libre circulation des marchandises, des services, des capitaux et des personnes (les quatre libertés fondamentales). Afin de démanteler les nombreuses barrières non tarifaires qui subsistaient après la signature des Traités de Rome de 1957, toute une série de mesures est adoptée qui visent la suppression des entraves techniques par le biais de l'harmonisation européenne et de la reconnaissance mutuelle (selon laquelle un État membre ne peut refuser un bien d'un autre État), la suppression des formalités douanières fiscales et sanitaires à la frontière, l'ouverture des marchés publics, la libre prestation des services (banques et assurances, finances, transports du pays d'accueil), la liberté pour une entreprise de s'installer dans le pays de son choix, le renforcement de la libre circulation des personnes par le biais de la reconnaissance mutuelle de tous les diplômes et, enfin, la libre circulation des capitaux, indispensable en vue de la préparation de l'Union économique et monétaire.

Il s'agissait à l'évidence d'un programme de dérégulation, de lutte contre le protectionnisme et donc d'un projet libéral (pour ne pas dire néo-libéral) qui était à l'évidence dans l'intérêt de ceux des États membres dont la balance commerciale était déjà excédentaire. En revanche, les entreprises des pays membres dont l'économie accusait un retard structurel (Espagne, Portugal, Grèce, Irlande) ou bien des régions structurellement désavantagées, notamment par la désindustrialisation ou une faible densité de la population (p. ex. la Wallonie belge ou le Mezzogiorno italien) craignaient les conséquences d'une ouverture totale des frontières et d'une liberté intégrale de circulation, notamment des travailleurs.

Ainsi, la principale revendication politique des États membres européens les plus faibles sur le plan structurel consistait en une réforme et une extension des fonds structurels déjà existants. Ce n'est qu'à cette condition qu'ils étaient prêts à accepter le projet d'un marché intérieur libéralisé. Le gouvernement fédéral du chrétien-démocrate Helmut Kohl, mais aussi la France du président socialiste François Mitterrand, ont soutenu cette demande. Pour le gouvernement Kohl, l'Acte unique européen était

3. Gilbert Ziebura, *Les relations franco-allemandes dans une Europe divisée. Mythes et réalités*, Presses universitaires de Bordeaux, 2012.

une priorité. Il correspondait aux projets européens d'Helmut Kohl et de son ministre des Affaires étrangères, Hans-Dietrich Genscher, ainsi qu'aux intérêts des entreprises allemandes qui, grâce à une plus grande ouverture des frontières, pouvaient augmenter les exportations de la République fédérale vers les pays européens voisins. Du point de vue allemand, les fonds structurels devaient réduire les désavantages concurrentiels des pays membres du sud et garantir ainsi la cohésion interne de la Communauté. Du point de vue français, les fonds structurels étaient indispensables, d'une part parce qu'ils renforçaient l'Europe politique (une revendication centrale de la France). D'autre part, parce que les régions françaises structurellement faibles, en particulier celles du Nord et de l'Est, en bénéficieraient également[4].

Ainsi, pour répondre à l'objectif de cohésion économique et sociale et éviter que l'achèvement du marché intérieur n'entraîne des déséquilibres économiques entre États membres, l'Acte unique prévoit que les Fonds structurels créés par (et après) les Traités de Rome, qui appuient financièrement le développement des régions et des actions en faveur des publics en difficulté – le Fonds européen de développement régional (FEDER, créé en 1975) et le Fonds social européen (FSE) – doivent être réformés. L'Acte unique permet aux États membres d'affirmer leur volonté de promouvoir la sécurité et la santé des travailleurs ainsi que le développement du dialogue social. Il concrétise ainsi, pour la première fois dans un traité, la volonté, notamment française, de créer peu à peu un espace social européen. L'objectif est de combler les écarts économiques qui se sont creusés au gré des élargissements de 1973, 1981 et 1986 entre les régions prospères et dynamiques et les régions plus pauvres et périphériques de la Communauté en renforçant la cohésion économique et sociale. En charge de la conduite des politiques sociales, la Commission doit favoriser le dialogue entre partenaires sociaux, entre autres dans l'objectif de l'établissement de conventions professionnelles collectives harmonisées entre les Douze. L'Acte unique reconnaît à cette fin notamment le rôle et la mission des syndicats. La Commission se charge aussi de la réforme de fonds structurels communautaires (FSE et FEDER). Les Douze décident également que la politique sociale communautaire pourra se construire à l'aide de directives adoptées par le Conseil à la majorité qualifiée – demande explicite des gouvernements français et allemand – sur proposition de la Commission et après consultation du Comité économique et social. Enfin, le FSE, le FEDER ainsi que les autres instruments de cohésion sociale créés par la suite bénéficient à partir du début des années 1990 d'une assise financière beaucoup plus large. Environ un tiers du budget européen y sera progressivement consacré, alors que la part du budget européen prévue pour les dépenses agricoles va progressivement diminuer pour atteindre également un tiers du budget aujourd'hui.

La poursuite des avancées sociales de la construction européenne – du Traité de Maastricht au Traité de Lisbonne

Entré en vigueur le 1er novembre 1993, le Traité de Maastricht renforce à son tour cette dimension sociale de l'intégration par le biais notamment de l'introduction du Fonds de cohésion. Ce dernier soutient les régions les moins développées de l'UE dans le but de promouvoir la croissance, l'emploi et le développement durable et

4. Hans Stark, *Kohl, l'Allemagne et l'Europe. La politique d'intégration européenne de la République fédérale d'Allemagne 1982-1998*, Paris, 2004.

de minimiser les disparités. Il apporte un soutien aux régions dont le revenu national brut est inférieur à 90 % de la moyenne européenne. Toujours en vigueur, il concerne aujourd'hui 15 pays de l'UE. Il a également pour but de préparer les pays qui veulent rejoindre l'Union économique et monétaire à remplir les critères de convergence. À ce titre, le Fonds de cohésion a joué un rôle essentiel dans les années 1990 pour aider les pays du Sud et l'Irlande à intégrer l'eurozone dès 1990.

Durant la conférence intergouvernementale (CIG) de 1991 et 1992, le gouvernement Kohl se montre très favorable à la création du Fonds de cohésion pour un ensemble de raisons. D'abord, il insiste pour que les critères de convergence économique s'inspirent de la philosophie ordolibérale et de la politique monétariste allemandes. Helmut Kohl sait que ces critères divisent les Européens et n'auront de chance d'être acceptés que s'ils s'accompagnent d'une politique économique axée sur la croissance et la réduction des inégalités entre les Douze. Ensuite, le chancelier plaide depuis la fin des années 1980 en faveur d'une Union politique à laquelle la Grande-Bretagne est hostile, tandis que la France est tiraillée entre sa volonté de doter l'Europe d'une dimension politique et sa réticence à accepter des transferts de souveraineté en matière de politique étrangère et de sécurité. L'adoption du Fonds de cohésion – auquel Paris est très favorable – ne peut que consolider une Union politique qui est en train de se construire à la fois en matière de politique étrangère et de politique intérieure. Enfin, la politique sociale européenne, dont le Fonds de cohésion fait partie, est soumise aux règles du vote à la majorité qualifiée, ce qui accentue le pouvoir du Parlement européen – une perspective conforme aux souhaits de l'Allemagne[5].

Six ans plus tard, le positionnement de l'Allemagne en matière de politique sociale européenne change. Les modifications introduites par le Traité d'Amsterdam, signé le 2 octobre 1997 et entré en vigueur le 1er mai 1999, sont insignifiants en matière de politique sociale et surtout de politique d'emploi. Au grand dam de la France, dirigée depuis mai 1997 par un gouvernement de gauche plurielle sous Lionel Jospin, une majorité d'États membres, dont le gouvernement de Helmut Kohl, défend une ligne très restrictive en matière de politique d'emploi. Depuis 1994, l'Allemagne s'efforce de faire respecter les critères de convergence (avec lesquels les gouvernements français successifs prennent des libertés) et peine à faire accepter par les pays du Sud un « Pacte de Stabilité » qui doit inscrire dans la durée les règles budgétaires du Traité de Maastricht. Le gouvernement allemand craint notamment d'être contraint d'accepter des transferts financiers importants si jamais l'UE adopte une politique de l'emploi profitant pour l'essentiel au pays du Sud de l'Europe. Le résultat se solde par un compromis : au sommet d'Amsterdam (16-17 juin 1997), les Quinze adoptent un « Pacte de stabilité *et* de croissance » qui, en réalité, ne garantira ni la stabilité budgétaire des États (les critères de convergence ne seront pas respectés), ni l'emploi (l'UE n'est pas dotée d'un budget conséquent pour lutter contre le chômage). Faute d'accord entre les États membres, le Traité d'Amsterdam ne fera donc pas avancer la dimension sociale de la construction européenne[6].

Le Traité de Nice, signé le 11 décembre 2000 et entré en vigueur le 1er février 2003, ne permet pas non plus de faire avancer la dimension sociale de l'UE. Cette

5. Otto Schulz, *Maastricht und die Grundlagen einer Europäischen Sozialpolitik*, Cologne, 1996.
6. Mathias Jopp, Andreas Maurer, Otto Schmuck, *Die Europäische Union nach Amsterdam. Analysen und Stellungnahmen zum neuen EU-Vertrag*, Bonn, 1998.

fois-ci, ce n'est pas l'Allemagne qui freine. Au contraire, gouvernée par une coalition rouge-verte qui affiche, elle aussi, une certaine distance face aux critères de convergence qu'elle ne respecte que marginalement, elle était favorable à inclure la politique sociale dans les travaux visant la réforme des institutions[7]. Mais la position du gouvernement Schröder était minoritaire, une majorité d'États membres, dont notamment la Grande-Bretagne et l'Espagne s'y opposant. En revanche, le Traité de Nice introduit la « Charte des droits fondamentaux » de l'Union européenne, adoptée par les Quinze le 7 décembre 2000. Ce texte reprend en un document unique l'ensemble des droits civiques et sociaux des citoyens européens, dont la protection des données personnelles et l'interdiction des discriminations de toutes les personnes vivant sur le territoire de l'UE. La Charte est fondée sur les droits et libertés fondamentales reconnus par la Convention européenne des droits de l'homme, la Charte sociale européenne du Conseil de l'Europe et les textes du Comité européen des Droits sociaux. Toutefois, la Charte des droits fondamentaux n'introduit pas de politique de redistribution des richesses et ne touche pas aux enjeux de justice sociale. En plus, la Charte des droits fondamentaux n'a pas eu, jusqu'à l'entrée en vigueur du Traité de Lisbonne, de valeur contraignante et trois pays, la Grande-Bretagne, la République tchèque et la Pologne ont obtenu une dérogation (*opting out*) au niveau de l'application de ses principes. Elle ouvre néanmoins la porte à des progrès ultérieurs, puisque, durant la Convention menant à l'élaboration du Traité constitutionnel européen de 2004, un groupe de travail nommé « Europe sociale » a vu le jour. Mais le Traité constitutionnel n'aboutit pas à un approfondissement de la dimension sociale de la construction européenne, ce qui a impacté les travaux sur le Traité de Lisbonne, signé le 13 décembre 2007 et entré en vigueur le 1er décembre 2009. Ce dernier n'avait pas pour vocation d'aller au-delà des changements introduits par le Traité constitutionnel, mais plutôt de sauver l'essentiel des dispositions de ce dernier.

Le Traité de Lisbonne à peine signé, les États européens sont touchés par une double crise économique et financière qui va durer de 2008 à au moins 2015. Il s'agit, dans un premier temps, de la crise immobilière et bancaire qui provient des États-Unis en 2008 et frappe l'Europe à partir de 2009, puis se prolonge par la crise de la zone euro qui déstabilise pour l'essentiel les pays du Sud de l'UE, de même que l'Irlande, et surtout la Grèce entre 2010 et 2015. Dans ce contexte de crise, les pays du Nord de l'UE – et notamment l'Allemagne – n'acceptent des mesures financières de sauvetage qu'en échange de garanties que les pays frappés par le dérapage de leurs dettes publiques introduisent des politiques de rigueur, des diminutions des dépenses publiques, des réductions des salaires, ainsi que des pensions de retraite et des dépenses sociales, de même que des mesures de dérégulation de leurs marchés de l'emploi. Dans ce contexte, les pays du Nord imposent des politiques de gouvernance économique axées sur le contrôle des dépenses publiques : Semestre européen, Pacte de stabilité et de croissance (PSC) révisé à plusieurs reprises, le pacte budgétaire européen qui introduit la « règle d'or » et prévoit de sanctions en cas de dérapage des finances publiques. Ces politiques, adoptées dans un contexte de crise sévère, sont à l'opposé de toute perspective de politiques sociales européennes, ce qui explique que ces dernières ne se sont pas développées durant les dix dernières années.

7. Hans-Wolfgang Platzer, « Deutschland und die Europäische Sozialpolitik », p. 365-377, in Karin Böttger, Mathias Jopp (dir.), *Handbuch zur deutschen Europapolitik*, 2e édition, Baden-Baden, 2021.

Il n'en demeure pas moins que l'Europe sociale n'est pas morte pour autant. À l'initiative de la Commission européenne (et non pas de Paris ou Berlin), l'UE adopte en 2017 le « Socle européen des droits sociaux » dont l'objectif consiste à fixer un cadre et des objectifs en matière de politique sociale. Il n'a certes pas de valeur juridique contraignante – autrement les 27 ne l'auraient pas adopté – mais il représente un cadre commun pour les droits sociaux des citoyens européens et il vise à faire redémarrer l'Europe sociale, mise entre parenthèses depuis le début de la crise financière en 2008. Parmi les principes mis en avant par le texte figurent l'égalité des chances et d'accès au marché du travail, des conditions de travail équitables, ainsi que la protection et l'inclusion sociales. Autrement dit, le « Socle européen des droits sociaux » n'a certes pas pour vocation d'harmoniser les législations européennes dans le domaine social – ce que l'article 4 du Traité de Lisbonne interdit par ailleurs. Mais conformément aux articles 152 et 153 de ce même traité, le « Socle » appelle au dialogue entre les partenaires sociaux et inspire d'autres initiatives déjà existantes (comme la garantie de l'équilibre entre vie privée et vie professionnelle) et à venir.

Lancé à l'initiative de la Commission Juncker, le « Socle européen des droits sociaux » montre surtout que l'initiative en matière de politique sociale émane des institutions européennes et non pas des États membres. Ni par conséquent du « couple » franco-allemand qui ne joue plus le rôle qui fut le sien lorsque l'Europe était limitée à 6 ou 10 États membres. Paris et Berlin conservent en revanche un pouvoir d'opposition. Que les deux pays n'aient pas fait d'obstacle à ce texte et qu'ils aient même su surmonter, un temps, leurs divergences structurelles sur les questions budgétaires pour initier en 2020 le plan de relance européen « New Generation EU », doté de 750 milliards d'euros, pour faire face au choc économique de la pandémie de Covid-19, représente de ce point de vue une perspective favorable, y compris en vue d'une Europe *plus* sociale.

Françoise Knopper*, Étienne Dubslaff**

Références nationales et européennes dans la campagne européenne de six partis français et allemands

Employer le singulier « la politique sociale », à l'instar de l'ancien concept de « la question sociale », incite à partir de la définition du terme générique allemand « Sozialpolitik[1] » englobant les mesures incombant à un État non seulement pour garantir les revenus des salariés mais aussi pour les protéger en cas de maladie, d'invalidité, d'accident, de vieillesse, sans oublier son rôle dans la politique de l'emploi, l'organisation des entreprises, le logement, la famille, la formation, le tout en vue de garantir la paix sociale[2].

Utiliser le pluriel « politiques sociales », lequel est souvent et explicitement employé en allemand dans une approche transnationale[3], signifie que l'on prend en considération non seulement ces rubriques et leur constante réactualisation[4], notamment en termes de gestion économique[5], mais aussi les spécificités des mesures et règlements propres à chaque État-providence (pour traduire le mot *Sozialstaat*) et leur impact sur les populations concernées[6] et donc, *last but not least*, les orientations idéologiques

---

* Université Toulouse Jean-Jaurès, membre du CREG

** Maître de conférences à l'Université Paris-Nanterre, membre du CEREG

1. Jörg Althammer, Heinz Lampert, Maximilian Sommer, *Lehrbuch der Sozialpolitik*, Berlin, Spinger, 2021, p. 3,
2. Cf. Manfred G. Schmidt, « Sozialpolitik », disponible sous : https://www.bpb.de/kurz-knapp/lexika/handwoerterbuch-politisches-system/202106/sozialpolitik/. Tous les liens hypertexte ont été vérifiés le 17 juillet 2024.
3. C'est le cas dans plusieurs articles publiés par Herbert Obinger, Manfred G. Schmidt, *Handbuch Sozialpolitik*, Wiesbaden, Springer, 2019.
4. Cf. par exemple les recherches menées à l'université de Duisburg-Essen (Sozialpolitik aktuell: Das Informationsportal zur Sozialpolitik - Sozialpolitik aktuell: Das Informationsportal zur Sozialpolitik (sozialpolitik-aktuell.de)).
5. « Sont à examiner de nos jours les évolutions sociétales qui s'accompagnent d'une professionnalisation et d'une institutionnalisation qui tendent à s'autonomiser et donnent une impulsion à l'économie sociale.

À examiner aussi la libéralisation, dérégulation et pluralisation qui engendrent des formes "hybrides" dans la gestion de cette économie. Les modes de financement ne modifient et le principe de subsidiarité se trouve relégué au second plan. […] Et il y a aussi les répercussions de la politique européenne de régulation […]. », cf. Klaus Grunwald / Andreas Langer/Monika Sagmeister (dir.), *Handbuch für Wissenschaft, Studium und Praxis Sozialwirtschaft*, Baden Baden, Nomos, 2024, p. 23. Toutes les traductions de l'allemand sont opérées par les auteurs de cet article.

6. Dans son article « Sozialpolitik als Stabilisierungsfaktor der bundesrepublikanischen Entwicklung ? », Manfred G. Schmidt commente les divergences entre spécialistes de la question en Allemagne : « Les uns sont d'avis que la politique sociale contribue à apaiser, qu'elle est une condition préalable au développement de la démocratie et à la dynamisation de l'économie. D'autres, à l'inverse, estiment que l'ampleur du système des allocations

des différents partis politiques, ce qui va être plus particulièrement étudié dans le présent article.

Compétences limitées de l'UE

Faute d'avoir été d'emblée traitée en tant que telle, ce n'est qu'à la marge que la politique sociale de l'Union européenne peut s'envisager de nos jours. Une part avait certes été déjà allouée au social en 1957 dans les traités de Rome (articles 48 et 59 notamment), ce à quoi s'ajoutaient la création du Comité économique et social européen (CESE), comité consultatif composé de représentants d'organisations de travailleurs et d'employeurs et de divers groupes d'intérêts, ainsi que le lancement du Fonds social européen (FSE) dont la fonction était d'aider à la reconversion des travailleurs, par l'octroi d'allocations, et à leur mobilité, par des mesures de réinstallation. Mais seule une « collaboration étroite » entre les administrations « nationales » (article 49) était prévue pour les autres volets de la question. L'emploi, les aspects juridiques du travail, le droit syndical, la formation des travailleurs relevaient par conséquent des compétences nationales. C'était en somme surtout pour des finalités économiques que la thématique sociale avait été abordée en 1957.

Les articles réunis dans le présent dossier rappellent que l'Union européenne, corollairement aux États nationaux, a pourtant depuis lors – et en particulier depuis le traité de Lisbonne de 2021 – œuvré pour consolider les fondements d'une Europe sociale, ainsi que le détaillent plusieurs contributeurs dans ce numéro. Parmi les évolutions récentes, cet article voudrait souligner les convergences de projets présentés dans le cadre de la campagne en vue des élections européennes du 9 juin 2024 telles qu'elles peuvent être appréhendées dans les programmes de six partis allemands et français. Il s'agit d'examiner dans quelle mesure les priorités que chacun se donne en matière de politique sociale sont imputables prioritairement aux cadres national ou européen, autrement dit, en quoi il s'agit de construire une « Europe sociale » et selon quels principes. Comment les auteurs des programmes concilient-ils compétences nationales et gestion européenne de la politique sociale, étant donné que les politiques sociales relèvent notoirement des États membres à l'exception des compétences dites partagées (article 4 du TFUE) ?

Prenant comme point de départ les résultats provisoires à la date du 6 juillet 2024[7], nous nous concentrons avant tout sur les partis français et allemands qui composent les deux groupes politiques arrivés en tête et qui ont coutume de collaborer étroitement au niveau européen. Il s'agit d'une part du PPE – Groupe du Parti populaire européen (Démocrates-Chrétiens), dont font partie la CDU-CSU avec 30 députés et les Républicains avec 7 députés, et d'autre part du S&D – Groupe de l'Alliance Progressiste des Socialistes et Démocrates au Parlement européen, qui fédère entre autres le SPD et « Réveiller l'Europe », avec respectivement 14 et 13 députés. Étant donné le coup de théâtre qu'a déclenché le résultat inédit du Rassemblement national en France qui compte dorénavant 30 élus (+12 par rapport à 2019), nous nous pencherons aussi sur le cas du RN et de son ancien partenaire allemand, l'Alternative

sape les fondements de l'économie et de la société », cf. *Zeitschrift für Politik*, Neue Folge, vol. 56, n° 4 (2009), p. 427-435, ici p. 427.

7. Nous nous appuyons sur les résultats provisoires suivants : Répartition par parti national et par groupe politique | Résultats des élections 2024 | Nombre absolu | Résultats des élections européennes 2024 | Parlement européen (europa.eu).

für Deutschland (AfD) qui totalise 15 députés (+6). L'étude des programmes de ces partis éminemment souverainistes permet de mesurer l'écart qui les sépare des partis pro-européens.

À la lecture de ces programmes, il n'est pas toujours aisé d'extraire une liste des thèmes liés à la politique sociale car, outre la rubrique « social/Sozial » qui y figure, on trouve des éléments répartis sous d'autres intitulés tels que : santé, enseignement, logement, famille, diverses sortes de financements, de sorte que nous ne pouvons proposer ici qu'un aperçu et ne prétendons nullement à l'exhaustivité.

PPE : CDU-CSU/LR

Actuellement placé sous l'égide de Manfred Weber (CSU et président du groupe) et de Dennis Radtke (CDU et coordinateur de son groupe dans la Commission parlementaire de l'emploi et des affaires sociales), le PPE se range sous la bannière d'un christianisme social et fait dorénavant de la politique sociale une de ses « priorités ». Pour citer M. Weber : « Du fait de notre identité de chrétiens-démocrates, nous savons que notre économie et notre société ne peuvent fonctionner que si nous plaçons la politique sociale au centre [de notre programme][8] ». Partant, il serait urgent de lutter contre la pauvreté et l'exclusion sociale. Dans cet objectif, le PPE prône avant tout le développement de l'économie sociale de marché et la formation des travailleurs aux technologies modernes.

En revanche, lors de la campagne en vue des échéances du 9 juin 2024, le programme de la CDU-CSU, intitulé « L'Europe à coup sûr. Pour une Europe protectrice et utile », n'avait pas traité isolément le volet social[9]. C'est le couplage entre économie sociale de marché, prospérité et politique sociale qui en est le fil conducteur. À preuve, parmi d'autres, le passage suivant dans lequel le qualificatif « gut » sert à valoriser la théorie du ruissellement économique :

> Une économie qui fonctionne bien et un marché de l'emploi prometteur sont d'importantes conditions préalables pour que les êtres humains mènent une existence indépendante. Le travail est précieux car il garantit la sécurité matérielle, confère une identité, joue un rôle inclusif. De ce fait les États membres peuvent alors, grâce au prélèvement d'impôts et aux cotisations sociales, financer leur État-providence, verser des retraites en toute sécurité, mettre en place un bon système de santé et de soins et venir en aide aux plus faibles[10].

Au demeurant, ce n'est pas sous un angle national que la CDU-CSU argumente, c'est ici en faveur de la politique sociale européenne orchestrée par les partis de droite, et donc implicitement par la CDU-CSU. Sa campagne est en effet destinée non seulement à diffuser les positions du parti mais aussi à s'exprimer globalement au nom du PPE, auquel le texte fait ouvertement référence à plusieurs reprises : « Notre ambition est de redevenir le groupe politique le plus fort au Parlement européen ». Les mérites du PPE sont soulignés, y compris en se prévalant de son « invention » de l'économie sociale de marché, et ce au prix d'une simplification puisqu'on sait que les

8. « EVP-Fraktion legt sozialpolitische Prioritäten fest », 21 février 2024, https://www.eppgroup.eu/de/newsroom/evp-fraktion-legt-sozialpolitische-prioritaeten-fest.
9. « Mit Sicherheit Europa. Für ein Europa, das schützt und nützt », https://www.europawahl.cdu.de/unser-wahlprogramm.
10. *Ibid.*, p. 18.

pères de l'ordolibéralisme – Alfred Müller Armack et Ludwig Erhard – appartenaient certes à la CDU mais pas au PPE : « Le PPE a inventé notre économie sociale de marché, laquelle met à l'unisson liberté économique et responsabilité sociale[11] ». Il ne sera donc pas surprenant que les mêmes principes se retrouvent inlassablement sous la plume du coordinateur de la campagne de la CDU/CSU, Dennis Radtke.

Le corollaire est la façon dont ce programme privilégie l'identité européenne. Il précise qu'il s'agit d'une « famille européenne » (« En tant que CDU et CSU nous faisons partie de la grande famille chrétienne-démocrate et chrétienne-sociale en Europe, c'est-à-dire du PPE ») et plus encore d'une « patrie », la *Heimat* (« Ensemble nous luttons pour notre *Way of Life* européen et pour nos convictions communes : notre *Way of Life européen* c'est ensemble plus forts et plus sûrs ! L'Europe est notre patrie »)[12]. Une telle *Heimat* n'est pas une patrie au sens purement civique, elle désigne un attachement au nom de critères affectifs, culturels et moraux. En effet, ce sont les valeurs culturelles, ici la conservation et la transmission du patrimoine moral et chrétien, qui subsument le cadre national dans ce programme : « Nous, en tant qu'Européens, sommes plus que la somme de nos identités nationales. Notre Histoire, notre héritage, nos racines judéo-chrétiennes et notre diversité culturelle sont ce qui nous définit[13] ».

C'est une tout autre approche que le parti des Républicains (LR) a choisie dans son programme « Maîtriser notre destin[14] ». Sur certains points, elle est même opposée à celle de la CDU-CSU. Tout d'abord parce que sa position est défensive, l'accent étant mis sur la réduction des dépenses et le maintien d'initiatives nationales. Ensuite parce que, conformément aux préoccupations du moment en raison du contexte politique français, chacune des actions envisagées « à l'échelle européenne » est mise en perspective de manière à coïncider avec celles que LR souhaite au « niveau français ». En outre, les prérogatives nationales sont systématiquement rappelées. Par exemple, la mesure 9 prévoit de « [c]onditionner le versement des prestations sociales non contributives à 3 ans de résidence régulière dans toute l'Union européenne et permettre aux États membres de réguler comme ils le souhaitent le regroupement familial[15] ». La politique sociale étant présentée en fonction de la France et de l'appartenance de LR à l'opposition, et la priorité se plaçant sur « l'immigration », le programme rappelle qu'un Référendum d'Initiative Partagée (RIP) a été « souhaité » par LR

> [...] concernant les conséquences sociales de l'immigration (transformation de l'Aide Médicale d'État [AME] en Aide Médicale d'Urgence [AMU]) ; conditionnalité du versement de plusieurs prestations sociales non contributives (aides personnelles au logement [APL], prestations familiales, etc.) à une durée minimale de présence régulière sur notre territoire national ; interdiction d'octroyer des tarifs privilégiés dans certains services publics, notamment les transports, aux étrangers en situation irrégulière etc.), mais le Gouvernement s'y est, de nouveau, opposé[16].

Trois exemples sont représentatifs des différences dans les définitions et les priorités choisies par LR et « l'Union » allemande. Alors que la CDU-CSU décline

11. *Ibid.*, p. 24.
12. *Ibid.*, p. 23.
13. *Ibid.*, p. 23.
14. « Maîtriser notre destin », https://republicains.fr/programme2024/.
15. *Ibid.*, p. 45.
16. *Ibid.*, p. 46.

d'abord l'identité « Nous en tant qu'Européens » et recourt à des synecdoques pour désigner l'attachement du parti à l'Europe, les Républicains « revendiqu[ent] d'être à la fois patriotes et européens[17] ». La patrie qu'ils placent ainsi en exergue de leur programme désigne la communauté politique et civique qui correspond aux usages linguistiques et historiques quand ce terme est employé en français. Autre exemple : tandis que l'Union reconnaît en l'Europe sa « famille », LR désigne par ce terme la seule alliance des partis de droite et espère ainsi se relever de ses échecs électoraux en France : « Aujourd'hui, nous pouvons reprendre la main. En envoyant le plus de députés français au sein de notre famille, celle de la droite européenne, qui devient la première force politique en Europe [...][18]. »

Quant au troisième exemple que nous citons, c'est celui de l'économie sociale de marché. Si elle s'efforce de concilier initiative privée et progrès social en augmentant le rendement, comme le démontrait son théoricien allemand Müller-Armack, elle est radicalement ajustée par LR aux données du pays :

> Nous voulons plus d'Europe là où elle crée une valeur ajoutée pour la France et pour les Français (lorsqu'elle contribue au pouvoir d'achat en finançant la construction de centrales nucléaires pour une énergie bon marché et décarbonée, lorsqu'elle nous aide pour résoudre la crise migratoire). Nous voulons moins d'Europe lorsqu'elle n'en crée pas (par exemple lorsqu'elle adopte des normes qui conduisent à une décroissance de notre production agricole française et européenne)[19].

Ces nombreuses différences qui résultent de l'histoire propre à chacun de ces deux partis ne sauraient faire oublier qu'il y a beaucoup de convergences, non seulement dans leur attachement à la construction européenne mais aussi dans leur orientation conservatrice sur le plan sociétal, sensible dans l'attention portée à la défense de la civilisation européenne, à la politique familiale et à l'enseignement.

S&D : SPD/PS-Place publique

Pour ce qui concerne le groupe du S&D, qui préconise une capacité d'investissement permanente, des financements pour le logement et la taxation des grandes fortunes, il reprend largement les programmes du SPD « Ensemble pour une Europe forte[20] et du Parti socialiste/Place publique « Réveiller l'Europe[21] », dont les arguments sont proches les uns des autres. Mais on peut aussi déceler quelques différences intéressantes.

Une première convergence entre les programmes du PS et du SPD est le lien intrinsèque qu'ils établissent entre intérêts sociaux, transition écologique et économie. Ils appellent à moderniser et à étendre les infrastructures utiles à la révolution énergétique, écologique et industrielle par le recours à un plan européen d'investissement dans les énergies renouvelables, le réseau électrique et les technologies propres. Un autre point commun est l'intention de traiter à l'échelle européenne la politique du logement et de la concrétiser par le biais de la modernisation technologique : le déficit

17. *Ibid.*, p. 6.
18. *Ibid.*, p. 4.
19. *Ibid.*, p. 7 *sq.*
20. « Gemeinsam für ein starkes Europa », https://www.spd.de/aktuelles/detail/news/gemeinsam-fuer-ein-starkes-europa/16/01/2024.
21. « Réveiller l'Europe », https://www.glucksmann2024.eu/programme.

annuel dans l'UE en termes d'investissements dans le logement social et abordable est estimé à plus de 50 milliards d'euros, note « Réveiller l'Europe ». Les deux partis détaillent les mesures à prendre pour réduire la consommation énergétique dans les habitations : tout comme leurs homologues français, les candidats du SPD et notamment la tête de liste Katarina Barley préconisent d'harmoniser les réglementations européennes pour limiter les activités des plateformes telles qu'Airbnb et soutenir les projets favorisant la cohabitation intergénérationnelle en Europe[22].

L'ordre dans lequel ces arguments sont présentés diffère cependant selon les deux programmes. En effet, si leurs revendications sociales convergent, il leur faut malgré tout prendre en considération les contextes économiques respectifs, les évolutions démographiques, le taux de chômage mais aussi les rôles divergents. Car le SPD est à la tête de la coalition au pouvoir en Allemagne alors que le PS se trouve dans l'opposition en France, ce qui lui laisse plus de latitude dans ses revendications. Ainsi, dans le programme français, la première rubrique porte-t-elle d'emblée sur le « bouclier emploi ». Dans le programme allemand, l'équivalent figure plus loin, dans la quatrième rubrique intitulée « *Ein Europa des Respekts* » qui reprend les éléments de langage sociaux-démocrates sur le « respect » dû à tout un chacun, notamment aux petites gens[23].

La perspective temporelle retient aussi l'attention. « Réveiller l'Europe » traite le volet social en fonction du présent et d'une nécessité existentielle : « Une Europe du pouvoir de vivre » est le titre du premier chapitre ; autrement dit, les attendus sociaux sont à régler de manière pragmatique et de toute urgence. Dans le programme du SPD, l'enjeu est davantage théorisé et présenté dans sa triplicité, c'est-à-dire dans la catégorie en quelque sorte idéaltypique industrie-climat-progrès social, ce qui est abordé dans un second temps, dans le chapitre 2 intitulé « Avenir » (« *Zukunft* »). Une série d'intentions y est énumérée :

> Nous voulons que l'Allemagne et l'Europe restent un pôle économique et industriel attractif qui offre des emplois et garantit le bien-être de demain. Et, en Europe, nous voulons montrer que l'on peut lier industrie, protection du climat et progrès social. C'est pourquoi l'Europe a besoin que la politique économique et industrielle prenne un nouveau départ. Nous voulons des technologies innovantes « Made in Europe[24] ».

Au demeurant, ainsi formulée, cette vision du futur permet de contourner l'épineuse question de la « décroissance », donc des freins à apporter délibérément au dynamisme de l'économie – question cruciale en Allemagne. Plus réaliste que ce programme du SPD, celui de l'Alliance des syndicats ouvriers DGB avait pour sa part entrepris de préparer les salariés au ralentissement de la croissance économique qui serait nécessaire pour prendre en compte le changement climatique ; en l'occurrence Reiner Hoffmann l'exposait par exemple en 2019 : « Limiter le réchauffement de la

22. « Mietwohnungen statt Airbnb. Barley will Ferienwohnungen in EU begrenzen », https://www.tagesspiegel.de/politik/mitwohnungen-statt-airbnb-barley-will-ferienwohnungen-in-eu-begrenzen-11482829.html.
23. Cf. Étienne Dubslaff, « Le SPD entre réorientations programmatiques et permanence politique ? », *Notes du Cerfa*, n° 164, IFRI, Paris, 2021, p. 17, https://www.ifri.org/fr/publications/notes-de-lifri/notes-cerfa/spd-entre-reorientations-programmatiques-permanence.
24. « Gemeinsam für ein starkes Europa », p. 4.

terre à moins de deux degrés est inconciliable avec une économie exclusivement tournée vers la croissance[25]. »

Les programmes du PS et du SPD abordent les compétences dites nationales dans des termes qui correspondent aux paradigmes propres à chaque culture politique. « Réveiller l'Europe » pose en préalable une relation en quelque sorte horizontale entre les membres de l'UE. Étant donné la configuration de ressorts tels que les allocations chômage ou les tarifs énergétiques, il est par exemple préconisé de soutenir les « systèmes nationaux » d'assurance chômage (« garantir la reconversion des salariés, en soutenant les systèmes nationaux d'assurance chômage ») et d'inciter les « gouvernements nationaux » à revoir les taxes sur l'électricité[26]. C'est à l'intérieur de ce cadre que des réformes sont envisagées pour une mise à niveau. Tantôt c'est à l'Europe de s'inspirer de bonnes pratiques françaises, par exemple pour le soutien aux organisations féministes. Tantôt c'est à la France de s'ajuster :

> En mettant en place en France, comme en Espagne, le plafonnement des aides à l'hectare de la PAC à 100 000 € pour dégager des ressources afin d'aider les petites exploitations, les éleveurs, l'installation des jeunes, la filière bio et soutenir les changements de pratiques vers l'agroécologie. [...] et nous demandons au gouvernement français de revenir sur la récente hausse de 10 % sur l'électricité, pour renforcer le pouvoir d'achat des Françaises et des Français[27].

Le programme du SPD semble en revanche envisager une relation verticale entre l'UE et l'Allemagne, celle-ci faisant partie du grand tout de l'UE : contrairement à la place que « Réveiller l'Europe » donne aux nations, elle est ici relativisée par le SPD car c'est l'association des entités nationale et européenne (« *Deutschland und Europa* ») qui est employée dans toutes les rubriques. Une telle représentation peut résulter des usages institutionnels : ceux qui sont ancrés depuis 1949 dans le Préambule de la Loi fondamentale (Grundgesetz) et inscrivent la RFA « dans une Europe unie[28] » et ceux qui figurent dans le nouvel article 23, parfois surnommé « der Europa-Artikel ». Cet article remplace dorénavant l'ancien article 23, lequel était devenu caduc puisque c'était lui qui avait permis l'adhésion des Länder de la RDA à la RFA. Après l'unification, pour combler le trou, il a été inséré en décembre 1992 : « Pour l'édification d'une Europe unie, la République fédérale d'Allemagne concourt au développement de l'Union européenne qui est attachée aux principes fédératifs, sociaux, d'État de droit et de démocratie ainsi qu'au principe de subsidiarité et qui garantit une protection des droits fondamentaux substantiellement comparable à celle de la présente Loi fondamentale. À cet effet, la Fédération peut transférer des droits de souveraineté par une loi approuvée par le Bundesrat.[29] » Cette formulation explicite non seulement le lien entre unité allemande et unification européenne mais elle souligne aussi les traditions fédérales ancrées dans l'histoire allemande, dont l'UE est envisagée dorénavant comme l'échelon suprême.

---

25. URL : Sozial- und Klimapolitik gemeinsam denken – Wirtschaft und Ökologie | IPG Journal (ipg-journal.de)
26. « Réveiller l'Europe », mesures 187 et 152.
27. *Ibid.*, mesures 139 et 152.
28. « Conscient de sa responsabilité devant Dieu et devant les Hommes, animé de la volonté de servir la paix du monde en qualité de membre égal en droits dans une Europe unie, le peuple allemand s'est donné la présente Loi fondamentale », Präambel GG.
29. Art. 23 GG.

Dans l'esprit de la Loi fondamentale, le programme social-démocrate insiste sur l'interdépendance de l'Allemagne et de l'Europe. Bien que se défendant à l'idée d'être éventuellement accusé de néolibéralisme[30], ce programme associe par exemple l'emploi et le marché européen : « Le marché intérieur de l'Europe sera lui aussi à l'avenir la colonne vertébrale de l'évolution économique et il faut continuer à l'approfondir car des millions d'emplois en Allemagne sont étroitement liés à un marché intérieur fort[31] ». On peut noter au passage que, en écho aux débats du temps entre la France et l'Allemagne[32], le terme d'élargissement est évité et qu'il est question d'« approfondir » (*vertieft*). Dans la rhétorique politique allemande, les deux termes peuvent même être employés de manière antinomique[33].

Mais dans le cas présent, il s'agit bien d'une interdépendance qui concerne aussi la solidarité syndicale. Celle-ci est envisagée par le SPD dans son contexte européen : « Nous voulons continuer à renforcer de solides partenariats sociaux, des conditions de travail équitables, des cadres de référence élevés dans une Europe sociale et avec une durabilité écologique[34]. » Faisant également consensus avec les positions du DGB[35], le programme revendique un « État-providence fort » :

> Un État-providence fort et une politique sociale active accompagnée de systèmes nationaux d'allocations veillent à ce que nul ne soit laissé sur le bord de la route et à ce que le progrès profite à tout un chacun. Cela doit être entre autres soutenu et encadré par un dialogue social animé par les syndicats à l'échelle européenne et nationale[36].

Force est de constater que, à côté de l'épithète « national » ; le programme du SPD (tout comme d'ailleurs celui du DGB) recourt volontiers à « publique » (*staatlich*), ce qui contribue à préciser la réflexion sur les responsabilités économiques, sociales et éthiques du secteur public :

> Les entreprises qui bénéficient de subventions et d'aides à la transformation publiques ont tout particulièrement le devoir de mettre à disposition en Europe, des CDI bien rémunérés dans le cadre de conventions collectives. Pour ce qui est des subventions publiques dans les secteurs industriels clés et dans les technologies innovantes, nous voulons les agencer de manière à ce qu'elles soutiennent la création de valeur et nous rendent plus souverains[37].

Objectifs et revendications se trouvent ainsi déplacées vers les modalités d'une démocratie sociale.

Quitte à avoir minoré les dissensions notoires et récurrentes dans les échanges entre gouvernements allemands et français, ces programmes des partis pro-européens

---

30. « Le rêve néolibéral selon lequel le commerce conduirait automatiquement à des gains de prospérité pour tous, à un changement politique et à une plus grande sécurité dans le monde, a vécu. », cf. « Gemeinsam für Europa », p. 28.
31. *Ibid.*, p. 3.
32. Par exemple : Jean-François Drevet, « Élargir ou approfondir l'Union européenne ? Nouvelles composantes d'un ancien dilemme », *Futuribles* 2022/6, n° 451, p. 71-79.
33. Anne Faber, « Die Weiterentwicklung der Europäischen Union : Vertiefung versus Erweiterung ? », *Integration*, n° 30/2, 2007, p. 103-116, ici p. 103.
34. « Gemeinsam für ein starkes Europa », p. 4.
35. DGB-Strategie: Starke Wirtschaft, starker Sozialstaat | DGB
36. « Gemeinsam für ein starkes Europa », p. 9.
37. *Ibid.*, p. 4.

qui jouent un rôle moteur dans les deux plus grands groupes du Parlement européen illustrent leur recherche d'un équilibre entre les politiques sociales des États et la défense des intérêts sociaux communs aux Européens. Pour ce, ils ont recours à des catégories qui leur semblent consensuelles entre Européens du même bord mais qui résultent en fait aussi des patrimoines respectifs, qu'ils soient d'ordre syndical, constitutionnel ou historique. Partout le discours reste empreint de la mémoire et de la culture nationales. Que ce soit donc à l'échelle des priorités différenciant les grands groupes politiques du Parlement en raison de leurs idéologies ou que soit à l'intérieur des groupes eux-mêmes, les politiques sociales sont plurielles. Tous les acteurs ont néanmoins gardé en mémoire les premiers éléments figurant dès l'origine dans les attendus de « la question sociale » : prendre en compte la transformation du travail, la nécessité du dialogue social, le rapport des salariés au processus de production dans le cadre des nouvelles technologies.

RN/AfD

À la différence de la CDU-CSU, de LR, du SPD ou du PS qui tous revendiquent leur attachement à la construction européenne, le Rassemblement national et l'Alternative für Deutschland sont des partis souverainistes qui voient en l'UE avant tout un danger. À celui d'un « super-État centralisé » qui nuirait aux identités nationales, ils opposent le modèle de « l'Europe des peuples » ou des « nations[38] ». Pour autant, les deux partis poursuivent des stratégies inverses, en ce que le RN cherche à gagner en respectabilité au gré de ses efforts de « dédiabolisation[39] » tandis que l'AfD poursuit depuis sa création en 2013 une constante radicalisation. Ces tendances de fond se traduisent dans les programmes européens. En 2024, le RN se cantonne à fustiger l'ingérence européenne dans les affaires intérieures des États membres et – faisant fi de la hiérarchie des normes – propose la tenue d'un référendum pour « réaffirmer » « la supériorité » ou la « primauté » de la Constitution française par rapport à des normes et jugements européens[40], cependant que l'AfD joue, depuis 2019, sur l'ambiguïté quant à un « Dexit » allemand[41]. Ces divergences programmatiques tout comme les accusations de corruption qui pèsent sur la tête de liste de l'AfD, Maximilian Krah[42], ont précipité la rupture entre les deux partis qui siégeaient dans le même groupe « Identité et démocratie » durant la législature écoulée[43].

38. « La France revient, l'Europe revit », p. 2, https://vivementle9juin.fr/projet et « Europa neu denken », p. 8 et 10, https://www.google.com/url?sa=t&source=web&rct=j&opi=89978449&url=https://www.afd.de/wp-content/uploads/2023/11/2023-11-16-_-AfD-Europawahlprogramm-2024-_-web.pdf&ved=2ahUKEwjv9L-Ez6uHAxUMVKQEHZQVA6oQFnoECBsQAQ&usg=AOvVaw1BF-Q90y8kBTaAsAFcNdNX.

39. Alexandre Dézé, « La "dédiabolisation". Une nouvelle stratégie ? », in Sylvain Crépon, Alexandre Dézé, Nonna Mayer (dir.), *Les faux-semblants du Front national : sociologie d'un parti politique*, Presses de Sciences-Po, Paris, 2015, p. 25-50.

40. « La France revient, l'Europe revit », p. 9 et 12.

41. Étienne Dubslaff, Hans Stark, « La politique étrangère de l'AfD, entre désintégration à l'Ouest et partenariat à l'Est », in Hans Stark, Jérôme Vaillant (dir.), *Dossier Une résistible ascension de l'AfD ?, Allemagne d'aujourd'hui*, n° 247, p. 75-87, ici p. 78-81.

42. Krah et l'un de ses collaborateurs, sont accusés d'avoir perçu des financements occultes d'origines chinoise et russe, cf. « Bundestag beschäftigt sich mit Vorwürfen gegen die AfD », https://www.sueddeutsche.de/politik/afd-china-russland-spionage-verdacht-maximilian-krah-1.6600257.

43. « Élections européennes : le Rassemblement national officialise la rupture avec son allié allemand de l'AfD, https://www.lemonde.fr/politique/article/2024/05/21/elections-europeennes-le-rn-officialise-la-rupture-avec-son-allie-allemand-de-l-afd_6234671_823448.html.

Force est de constater qu'au-delà des divergences mentionnées, la politique sociale est annexe dans les deux cas. Le programme du RN, éminemment souverainiste[44], ne comporte pas même de chapitre consacré à celle-ci[45]. Tout au plus, le « Rassemblement national veut[-il] reprendre le contrôle de notre souveraineté pour rétablir la prospérité économique et préserver le modèle social des Français[46] ». Deux remarques s'imposent. D'une part, ce qui fonde ce « modèle social » n'est nullement explicité, d'autre part, il ne doit pas s'étendre à l'ensemble des habitants du territoire national mais bien se limiter aux seuls ressortissants français. On est bien loin des « familles » politiques voire européennes que postulent les partis de droite français et allemands. Bien au contraire, les autres pays européens et leurs ressortissants, à l'instar de ceux d'autres pays, sont envisagés comme autant de menaces potentielles qui planent sur le développement économique français. À titre d'exemple, le RN affirme qu'il faudrait se défendre contre « une concurrence déloyale sauvage à la fois extra-européenne et intra-européenne » et :

> Lutter contre la concurrence déloyale au sein du marché unique :
> – Mettre fin aux règles injustes du travail détaché, véritable délocalisation à domicile qui pénalise les salariés français de nombreux secteurs, comme le BTP et le transport routier. [...]
> – Lutter contre le dumping fiscal, en renforçant la lutte contre la fraude fiscale et en sanctionnant enfin les pratiques déloyales des paradis fiscaux européens[47].

Aussi, l'Europe, telle qu'elle fonctionne, est-elle envisagée comme un frein à un développement vertueux de la France en matière d'énergie, car ce seraient « des règles absurdes du marché européen de l'énergie » qui seraient responsables de la hausse des prix, ou en matière de commandes publiques. Il conviendrait dans ce dernier cas « [d']autoriser la priorité nationale dans les marchés publics pour défendre nos emplois et l'environnement, de même que la préférence communautaire avec un accord-cadre "acheter français ou européen"[48] ». Dans ce cadre, le parti revendique l'instauration d'un protectionnisme de fait aux frontières de l'UE en ce que les importations devraient respecter « les normes environnementales et sociales européennes » qui, elles non plus, ne sont pas développées plus avant[49].

Le programme de l'AfD, largement plus volumineux que celui du RN, il est vrai, comporte une demi-page consacrée à la politique sociale au sein de son chapitre intitulé « Sauvegarder la souveraineté des États membres en matière de politique économique et sociale[50]. » L'AfD commence par se présenter comme un parti attaché

44. La partie 3 « L'Europe qui respecte » est marquée au coin du souverainisme : Le RN y revendique la « supériorité de la constitution française sur les normes et juridictions européennes », le rabaissement de la Commission européenne à un « Secrétariat général » au profit de rehaussement des États membres, dotés d'un droit de véto et de « l'initiative législative » exclusive. Tout au plus, un renforcement de la coopération entre États membres est-elle envisagée en matière de sécurité et d'Erasmus, cf. « La France revient, l'Europe revit », p. 12 *sq*.
45. Notons que le programme en vue des élections législatives 2024 ne comporte pas plus de chapitre social. Il se cantonne à vouloir favoriser le pouvoir d'achat en abaissant la TVA sur les carburants, sortir des règles européennes en matière de marché de l'énergie et vouloir revenir sur la réforme des retraites, cf. « Bardella, Premier ministre », https://rassemblementnational.fr/legislatives-2024.
46. « La France revient, l'Europe revit », p. 10.
47. *Ibid.*, p. 8.
48. *Ibid.*, p. 10 *sq*.
49. *Ibid.*, p. 8.
50. L'ensemble des points de programme en matière de politique sociale figure sur la même page, cf. « Europa neu denken », p. 25.

à la redistribution « juste » entre les générations et les couches sociales et se félicite de ce que la politique sociale relève de la compétence nationale. Aussi revient-il aux États membres de fixer les droits et devoirs en fonction de leurs « valeurs » et « capacités financières ». Loin de vouloir harmoniser les politiques nationales en Europe, l'AfD rejette ouvertement l'introduction de minima sociaux ou de la Charte sociale au motif qu'elle serait contraire aux Traités européens. Bien plus, l'AfD voit dans la diversité des politiques sociales un atout au sens où elle fonderait une concurrence positive[51]. Afin d'éviter que la générosité du modèle allemand n'attire des étrangers, le parti entend limiter l'accès aux droits y compris aux ressortissants de l'Union européenne. Ceux-ci ne bénéficieraient de droits sociaux en Allemagne que s'ils y ont « travaillé et payé des impôts [...] au cours des 10 années précédentes et ont pu se financer sans bénéficier d'aides. » Dans le cas contraire, leur pays d'origine devrait être mis à contribution et non le contribuable allemand.

On le voit, les partis souverainistes jugent que les politiques sociales sont des problématiques annexes qui doivent être traitées, au mieux, au plan national et doivent bénéficier avant tout, si ce n'est exclusivement, aux ressortissants nationaux. L'Europe ne devrait donc pas imposer aux États membres des règles sociales. En revanche, le RN et l'AfD, fidèles à leur xénophobie constitutive, appellent de leurs vœux une Europe envisagée comme « bastion » contre l'immigration extra-européenne[52].

51. « Les systèmes de sécurité sociale des divers États membres sont extrêmement différents. Il en va de même pour les marchés du travail. Nous voulons maintenir cette diversité au sein de l'UE dans le cadre d'une concurrence des systèmes. »
52. « Europa neu denken », p. 16 et « La France revient, l'Europe revit », p. 9.

Felix Syrovatka*

La fonction du système de retraite dans les régimes de croissance allemand et français

Introduction

Fumigènes, manifestations de masse et combats de rue. Tandis que les protestations françaises contre les réformes des retraites purent mobiliser des millions de personnes au cours des trente dernières années, la contestation en Allemagne demeura insignifiante. Le passage de l'âge de la retraite à 67 ans ne fit même pas descendre les foules dans la rue en 2007 : à peine 300 000 personnes défilèrent dans tout le pays contre l'un des projets les plus ambitieux de l'assurance retraite, ce qui permit au ministre du Travail de l'époque, le social-démocrate Franz Müntefering, de discréditer les participants en les qualifiant de « myopes » et de les ignorer dans la suite du processus législatif. La retraite à 67 ans ne fut jamais un enjeu politique, elle ne joue plus aucun rôle dans le discours public. Ce qui domine au contraire aujourd'hui, ce sont plutôt des propositions qui visent à reculer cet âge à 70 ans ou bien à remplacer la retraite publique par une retraite par capitalisation. L'opposition à de tels projets reste limitée.

Le sujet des retraites suscite beaucoup moins de réactions émotionnelles en Allemagne qu'en France[1] alors que de nombreuses réformes ont modifié le système allemand au cours des trois dernières décennies. Les retraités allemands durent subir des baisses de revenus parfois conséquentes à cause du relèvement de l'âge de la retraite et du nouveau calcul de la formule de retraite (*Rentenformel*). Avec un taux de pauvreté de 11 % pour les personnes âgées, l'Allemagne se situe actuellement dans la moyenne de l'OCDE, mais nettement au-dessus du chiffre français (4,4 %)[2]. Selon les pronostics, les réformes menées dans les années 2000 et 2010 entraîneront une nouvelle augmentation de ce pourcentage avec la cessation d'activité de la génération du baby-boom[3]. Pour sa part, la France ne devrait pas connaître une hausse similaire. Le système de retraite français est plutôt confronté au défi de rester finançable à long

* Institut pour le travail et l'économie (Institut für Arbeit und Wirtschaf - iaw) de l'université de Brême.

1. Christian Christen, « Der neoliberale Rentenkonsens in Deutschland und seine Genese », *PROKLA. Zeitschrift für kritische Sozialwissenschaft* 2017, vol. 47, n° 187, p. 309-324.
2. OECD, *Pensions at a Glance 2023*, Paris, (OECD Publishing) 2023, p. 199.
3. Anita Tiefensee, « Altersarmut – (k)ein Problem? Aktuelle und zukünftige Entwicklungen in Deutschland », in F. Blank, M. Hofmann, A. Buntenbach (éds), *Neustart in der Rentenpolitik*, Baden-Baden, Nomos, p. 157-170.

terme afin d'éviter une nouvelle dérive des pensions[4]. La tentative de les uniformiser en les transformant en un système à points se heurta récemment à une forte résistance de la population. Il est donc nécessaire d'analyser pourquoi des réformes relativement modérées destinées à stabiliser le mécanisme par répartition en France soulevèrent autant de rejet, alors que des évolutions nettement plus profondes et impliquant une mutation du système ne rencontrèrent en Allemagne qu'une faible résistance.

La présente contribution aborde cette question dans une perspective d'économie politique et étudie de manière comparative la fonction des systèmes de retraite allemand et français, non pas pour eux-mêmes, mais comme étant constitutifs de leurs régimes de croissance. L'article se penche ainsi sur une donnée essentielle qui éclaire la plus ou moins forte politisation de ce sujet selon le pays. Même si ce conflit, comme tous les conflits sociaux, doit être compris comme un élément surdéterminé, le rôle économique de la retraite en tant que facteur de demande ou facteur de coût constitue – c'est la thèse centrale de l'article – une explication déterminante de la signification du système de retraite dans la société.

Cette étude se concentre sur son intégration économique et sa contribution concrète à la création de la croissance et développe l'argument suivant : l'architecture spécifique d'un système de retraite (*variable dépendante*) est corrélée à l'orientation d'un régime de croissance (*variable indépendante*), car l'effet de répartition de ce dispositif présente – comme pour les salaires – à la fois un volet demande et un volet coûts. En d'autres termes, le volume des retraites a tendance à être plus élevé dans les régimes de croissance axés sur la demande que dans ceux qui sont basés sur l'exportation. Si l'on prend les 2 pays comme références, cela signifie que la retraite revêt une dimension bien plus grande en France parce que son régime de croissance est fondé sur la demande. En Allemagne, la prééminence des exportations fait que les retraites ne jouent qu'un rôle secondaire dans la dynamique de croissance, car elles sont interprétées en premier lieu comme un facteur de coût.

Après une présentation sommaire de quelques réflexions théoriques sur la fonction du système de retraite selon les régimes de croissance et dans l'économie politique de la France et de l'Allemagne, leur évolution sera retracée de manière comparative dans le contexte économique général. Ensuite, leur transformation sera mise en relation avec celle des régimes de croissance propres à chacun des pays. Enfin, une conclusion résumera les résultats de l'article et les replacera dans le champ théorique.

Fonction du système de retraite pour la croissance économique

La *Vergleichende Politische Ökonomie*[5] (VPÖ) considère que le capitalisme ne peut pas se régénérer par lui-même en raison de sa nature structurellement en crise[6]. Il a besoin d'une gouvernance politique capable de corriger, d'absorber ou de reporter la crise afin de garantir la stabilité d'une accumulation provisoire. L'économie capitaliste est donc intégrée dans un système social, car ses contradictions intrinsèques doivent être régulées en permanence pour éviter que tout le système ne s'effondre[7]. Toutefois,

4. Conseil d'orientation des retraites, *Évolutions et perspectives des retraites en France*, Paris, 2023.
5. En Allemagne, la VPÖ est une sous-discipline universitaire de la science politique qui utilise plusieurs types d'approches : institutionnelle, économique, culturelle, historique.
6. Christian May, Daniel Mertens, Andreas Nölke, Michael Schedelik, *Politische Ökonomie*, Wiesbaden, (Springer VS) 2023.
7. Robert Boyer, *Capitalisme fin de siècle*, Paris, PUF, 1985.

la modalité concrète d'aménagement de l'économie est depuis toujours l'objet de fortes contestations et de débats politiques. L'organisation nationale ou régionale du capitalisme fut et reste tributaire des rapports de force sociaux qui se traduisent dans les institutions et des processus particuliers. Ceux-ci se combinent à leur tour pour former des modes de gouvernance économique parfois très différents, permettant de distinguer divers types de capitalisme[8].

Pendant longtemps, l'approche *Varieties of Capitalism* domina dans les débats de la *VPÖ*[9].

Elle les analysait explicitement sous l'angle de l'offre et examinait les conditions de fonctionnement des entreprises dans les espaces économiques régionaux. En ce sens, la *VPÖ* s'inscrivait dans une perspective microéconomique et questionnait ensuite la manière dont les convergences et les constructions institutionnelles pouvaient renforcer ou affaiblir la compétitivité des entreprises[10]. L'accent était mis sur la réglementation des relations des entreprises avec les prestataires de services financiers, les salariés et les autres entreprises. Cependant, cette approche avait tendance à négliger l'influence de l'État, en minimisant la fonction du système des retraites dans la distinction qui est faite entre les économies libérales de marché et celles dont les activités économiques sont régulées.

Critiquant les *Varieties of capitalism* et voulant s'en démarquer, une nouvelle théorie fut élaborée dans les années 2010, la *Growth Model-Perspective* (perspective du modèle de croissance). Elle replaça au centre de sa réflexion le statut de la demande dans les modèles de capitalisme[11] en se concentrant sur la configuration institutionnelle d'une économie et sa dynamique spécifique de croissance. La question principale fut celle d'établir comment et où la demande et donc la croissance économique étaient générées. L'approche du *Growth Model* se fonde sur des travaux post-keynésiens, qui partent du principe que les entreprises ne produisent et n'investissent que s'il existe une demande effective de biens et de services. En référence à l'économiste polonais Michal Kalecki, la composition agrégée de la demande d'une économie nationale est formalisée comme un problème de répartition et d'appropriation du supplément de produit social[12]. En ce sens, l'orientation concrète d'un modèle de croissance est considérée comme le résultat d'un conflit social[13] et donc comme un sujet politique[14]. Ce qui singularise l'approche du *Growth Model*, c'est qu'elle cherche à savoir qui achète ou non les biens produits dans une économie, pour quelles raisons et avec quels moyens[15]. Concrètement, la demande économique

8. David W. Soskice, Peter A. Hall (éds), *Varieties of capitalism*, Oxford, Oxford Univ. Press, 2001.
9. D. W. Soskice, P. A. Hall 2001, *op. cit.*
10. C. May, D. Mertens, A. Nölke, M. Schedelik 2023, *op. cit.*
11. Lucio Baccaro, Mark Blyth, Jonas Pontusson, « Introduction: Rethinking Comparative Capitalism », in L. Baccaro, M. Blyth, J. Pontusson (éds), *Diminishing returns*, New York, NY, Oxford Univ. Press, p. 1-52.
12. Robert Boyer, « Wage/Labour relations, growth, and Crisis: A Hidden Dialectic », in R. Boyer (éd.), *The search for labour market flexibility*, Oxford, Clarendon, p. 3-25 ; Etienne Schneider, Felix Syrovatka, « Globale Umbruchprozesse und neue Konjunktur der Regulationstheorie », in E. Schneider, F. Syrovatka (éds), *Politische Ökonomie der Zeitenwende*, Münster, Westfälisches Dampfboot, p. 13-46.
13. En cela, l'approche *Growth Model* rappelle les réflexions de la théorie française de la régulation, notamment celles du courant élaboré par Robert Boyer et Bruno Amable. La théorie de la régulation s'était également appuyée sur les travaux de Kalecki, mais en essayant d'intégrer aussi bien la perspective de la demande que celle de l'offre.
14. Lucio Baccaro, Jonas Pontusson, « The politics of growth models », *Review of Keynesian Economics* 2022, vol. 10, n° 2, p. 204-221.
15. C. May, D. Mertens, A. Nölke, M. Schedelik 2023, *op. cit.*

totale se décompose en quatre catégories : 1) la demande de consommation privée (par la croissance des salaires ou le développement du crédit) 2) les investissements bruts (acquisition de produits du capital), 3) le commerce et 4) la consommation de l'État (dépenses publiques). Le modèle de croissance qui caractérise une économie nationale est déterminé par l'articulation de ces quatre facteurs durant une période relativement longue. Selon le *Growth-model*, l'Allemagne et la France adoptèrent par le passé deux régimes de croissance opposés et représentent dans l'UE des constellations différentes de demande et de développement[16].

Dans la littérature traitant de ce sujet, l'Allemagne est considérée comme l'exemple type d'un régime de croissance tiré par les exportations[17]. Elles constituèrent, au plus tard après la Seconde Guerre mondiale, le principal gisement de développement en Allemagne de l'Ouest. À partir de 1952, l'économie allemande afficha un excédent de la balance du commerce extérieur qui, devenu structurel, connut une nouvelle progression après la réunification allemande[18]. La part des exportations dans le produit intérieur brut (PIB) passa de 23,7 % (1990) à 50,9 % (2022)[19], soit plus de la moitié, grâce aux secteurs produisant des biens d'investissement et d'équipement complexes : l'industrie chimique et automobile, la construction mécanique et la métallurgie.

Le modèle allemand repose sur des fondements sociopolitiques qui soutiennent ou du moins favorisent l'orientation exportatrice. Si l'on suit Martin Höpner et Lucio Baccaro[20], les exportations allemandes présentent une forte élasticité des prix, c'est-à-dire qu'elles sont exposées à une intense concurrence. Cela implique des structures sociales conçues pour empêcher une augmentation excessive des prix tout en garantissant la stabilité monétaire. En ce sens, le régime de croissance allemand se définit par une politique fiscale et une politique de l'emploi visant à réduire les coûts salariaux unitaires (*Lohnstückkosten*) et à contenir l'inflation[21]. Cela fut démontré empiriquement dans les années 2000, lorsque les salaires réels diminuèrent. Dans les années 1990 et 2010 également, ils n'augmentèrent qu'à un rythme inférieur à la tendance européenne[22]. De ce fait, la consommation privée décrut aussi, passant de 56,3 % du PIB en 1990 à 49,4 % en 2021[23]. La part de l'État, qui s'élevait à 48,5 % en 2022, fut, elle aussi, nettement inférieure à la moyenne européenne[24]. Mais comme l'Allemagne est membre de la zone euro, cette politique fiscale et de l'emploi permit aux entreprises allemandes de gagner en compétitivité en termes de prix[25].

16. Etienne Schneider, Felix Syrovatka, « Die Europäische Wirtschaftsunion zwischen Vertiefung und Desintegration », in H.-J. Bieling, S. Guntrum (éds), *Neue Segel, alter Kurs ?*, Wiesbaden, Springer VS, p. 21-59.
17. L. Baccaro, M. Blyth, J. Pontusson 2022, *op. cit.*
18. Martin Höpner, Lucio Baccaro, *Das deutsche Wachstumsmodell, 1991-2019*, Köln, 2022.
19. Eurostat, *Exports of goods and services in % of GDP*, Brüssel, (Eurostat) 2022a.
20. M. Höpner, L. Baccaro 2022, *op. cit.*, S. 12 ff.
21. Donato Di Carlo, « The Political Economy of Public Sector Wage-Setting in Germany and Italy », in J. Hien, C. Joerges (éd.), *Responses of European economic cultures to Europe's crisis politics : the example of German-Italian discrepancies*, p. 48-62 ; Steffen Lehndorff, Gerhard Bosch, Thomas Haipeter, Erich Latniak, « Vor der Krise und in der Krise », in S. Lehndorff (éd.), *Abriss, Umbau, Renovierung ?*, Hamburg, VSA-Verl., p. 20-46.
22. Thorsten Schulten, WSI-Tarifarchiv, *Tarifpolitischer Jahresbericht 2023*, Düsseldorf, 2024.
23. OECD, *Household accounts*, https://data.oecd.org/hha/household-spending.htm.
24. destatis, *Volkswirtschaftliche Gesamtrechnungen des Bundes*, http://bit.ly/3VydaaR; Eurostat, *Government revenue, expenditure and main aggregates*, Eurostat, 2022b.
25. M. Höpner, L. Baccaro 2022, *op. cit.*

En France, en revanche, la part de l'État fut, avec 59,9 % du PIB en 2021, au premier rang dans l'UE[26]. Les exportations jouèrent certes un rôle croissant comme dans la plupart des pays de l'UE depuis la crise de l'euro, mais elles ne représentèrent que 34,1 % du PIB en 2022[27]. À l'inverse, la demande intérieure fut, avec 66 %, le principal moteur de la croissance économique. Ainsi, la consommation privée, 55 % du PIB en 2023, fut l'une des plus élevées d'Europe[28], soutenue par l'évolution des salaires réels et des coûts du travail qui, jusque dans les années 2010, occupèrent également une des premières places au sein de l'UE[29].

Sur la base de ces chiffres, l'économie française est présentée dans la littérature comme un régime de croissance tiré soit par les salaires (*wage-led*), soit par les dépenses publiques (*state-led*)[30]. On peut donc penser que ce système est porté par le marché intérieur, ce qui correspond aussi aux structures sociales qui sont conçues pour accroître la demande intérieure. Historiquement, le schéma français repose sur une forme spécifique de fordisme, c'est-à-dire sur un modèle économique et de production qui, après la Seconde Guerre mondiale, établit un *cercle vertueux* de salaires élevés, de production et de consommation de masse qui entraîna une remarquable croissance économique[31]. Ce fordisme à la française fut nourri principalement par des impulsions venant de l'État (notamment par le biais d'une politique verticale active, sociale et industrielle) ainsi que par une hausse dynamique des salaires, qui conduisit à une augmentation du pouvoir d'achat. Les demandes publique et privée facilitèrent une prospérité et une ascension sociales, inédites jusque-là, de larges couches de la population.

Dès lors, il n'est pas étonnant que les « Trente Glorieuses » qui suivirent la Seconde Guerre mondiale aient laissé des traces, en France, non seulement dans l'imaginaire social, mais aussi dans l'organisation économique et politique. Aujourd'hui encore, la croissance se caractérise avant tout par la priorité donnée au pouvoir d'achat et au rôle de l'État[32]. Ainsi, ce pays dispose d'un régime salarial qui, grâce à l'extension des conventions collectives imposées par l'État, permet d'atteindre un taux de couverture de 98 % du territoire et garantit un niveau de salaire relativement élevé ainsi qu'une stabilité de la consommation privée. Le salaire minimum, qui représente 61,2 % du salaire médian et 49,4 % du salaire moyen, est également nettement plus élevé que dans la plupart des autres États de l'UE, ce qui assure un certain pilotage de la demande privée[33]. Enfin, les dépenses publiques pour les prestations sociales, qui atteignirent 31,6 % en 2022, furent sensiblement supérieures à la moyenne de l'OCDE[34].

26. Eurostat 2022b, *op. cit.*
27. Eurostat 2022a, *op. cit.*
28. OECD, *op. cit.*
29. Eurostat, *Nominal unit labour cost - annual data, % changes and index (2015 = 100)*, Eurostat, 2022.
30. Eckhard Hein, Lena Vogel, « Distribution and Growth in France and Germany : Single Equation Estimations and Model Simulations Based on the Bhaduri/Marglin Model », *Review of Political Economy* 2009, vol. 21, n° 2, p. 245-272 ; Vivien Schmidt, « French capitalism transformed, yet still a third variety of capitalism », *Economy and Society* 2003, vol. 32, n° 4, p. 526-554; Felix Syrovatka, *Die Reformpolitik Frankreichs in der Krise*, Wiesbaden, Springer VS, 2016.
31. Alain Lipietz, *Towards a new economic order*, Cambridge, Polity Press, 1993.
32. F. Syrovatka 2016, *op. cit.*
33. Thorsten Schulten, Torsten Müller, « A paradigm shift towards Social Europe ? », *Italian Labour Law e-Journal* 2021, vol. 14, n° 1, p. 1-19.
34. OECD, *Social protection*, https://data.oecd.org/socialexp/social-spending.htm.

Au plus tard depuis la crise de l'euro, on observe toutefois un changement du modèle de croissance français. La demande intérieure n'est plus la seule source de croissance qui s'est déplacée vers la demande des marchés d'exportation[35]. Dès la présidence de Nicolas Sarkozy, une phase de réformes structurelles fut engagée et poursuivie par ses successeurs, François Hollande et Emmanuel Macron[36]. Plusieurs auteurs sont convaincus que les réformes dans le monde du travail tendent à modérer les salaires et, partant, à affaiblir le pouvoir d'achat intérieur et à améliorer la compétitivité des prix[37]. Les publications récentes parlent d'un « modèle de croissance équilibré[38] ».

Dans le débat actuel sur le *Growth-model*, la question reste toutefois ouverte de la place effective du système de retraite d'un pays dans l'émergence et la transformation de son régime de croissance. Bien que la retraite légale soit l'un des postes de dépenses les plus importants dans presque tous les budgets des États de l'OCDE, son rôle reste largement sous-étudié. Afin de documenter ce point, nous allons maintenant centrer l'analyse sur les exemples français et allemand et sur les réformes entreprises au cours des dernières années.

Comparaison des systèmes de retraite

Cet article défend la thèse suivante : la configuration du système de retraite dépend de l'orientation du modèle de croissance. En ce sens, les situations française et allemande devraient être fondamentalement différentes. L'hypothèse est que dans les régimes de croissance axés sur les exportations, les retraites sont perçues comme un facteur négatif de coût, alors que dans ceux tournés vers le marché intérieur, elles sont considérées comme un soutien de la demande ayant un effet positif sur la croissance.

À première vue, pourtant, les deux systèmes de retraite se ressemblent. Dans la littérature, ils sont tous deux classés dans la catégorie de l'État-providence bismarckien ou conservateur-corporatiste[39]. Cela s'explique par le fait qu'ils reposent tous deux sur un modèle de répartition organisé par l'État et visent à garantir le niveau de vie des salariés lors du passage de la vie professionnelle à la retraite. Ils sont donc essentiellement financés par les cotisations des employeurs et des salariés, qui ne constituent pas des fonds de réserve, mais sont distribués, c'est-à-dire versés à ceux qui y ont droit. Il existe un rapport structurel entre les prestations de l'assurance retraite, d'une part, et les salaires et les cotisations des assurés, d'autre part. Les deux systèmes peuvent ainsi être distingués du type dit « Beveridge » qui est particulièrement répandu dans les économies de marché libérales comme la Grande-Bretagne ou les États-Unis. Dans

35. Lucio Baccaro, Fabio Bulfone, « Growth and Stagnation in Southern Europe : The Italian and Spanish Growth Models Compared », in L. Baccaro, M. Blyth, J. Pontusson (éds), *Diminishing returns*, New York, NY, Oxford Univ. Press, 293-321 ; Felix Syrovatka, « Labour market policy under the new European economic governance : France in the focus of the new European labour market policy », *Capital & Class* 2021, vol. 45, n° 2, p. 283-309.
36. F. Syrovatka 2016, *op. cit.*
37. F. Syrovatka 2021, *op. cit.*
38. Alison Johnston, Matthias Matthijs, « The Political Economy of the Eurozone's Post- Crisis Growth Model », in L. Baccaro, M. Blyth, J. Pontusson (éds), *Diminishing returns*, New York, NY, Oxford Univ. Press, p. 117-142.
39. Anke Hassel, Bruno Palier, « Tracking the Transformation of Growth Regimes in Adcanced Capitalist Economies », in A. Hassel, B. Palier (éds), *Growth and welfare in advanced capitalist economies*, Oxford, United Kingdom, Oxford Univ. Press, p. 3-56; Bruno Palier, « Réformer les retraites en France », *French Politics, Culture & Society* 2003, vol. 21, n° 3, p. 51-72 ; Florian Steinmüller, *Arbeitsmarkt- und Rentenpolitik in Deutschland und Frankreich*, Wiesbaden, Springer VS, 2018.

ces pays, la pension est financée par l'impôt et ne sert pas à remplacer le revenu, mais à prémunir les personnes âgées de la pauvreté. De ce point de vue, les systèmes de retraite français et allemand présentent donc un bon nombre de similitudes[40].

L'évolution du système de retraite allemand

En regardant de plus près, on constate toutefois des divergences entre les deux systèmes de pension qui tiennent avant tout à l'histoire de leurs modèles de croissance respectifs. Ainsi, l'introduction du système de retraite allemand en 1880 fut une réaction à la montée du mouvement ouvrier et du *Sozialdemokratische Partei* Deutschlands (*SPD*/Parti social-démocrate d'Allemagne)[41]. À la différence de la France, où la Commune de Paris fut violemment écrasée, le chancelier de l'époque, Otto von Bismarck, était conscient du caractère explosif de la question sociale et accompagna la répression politique d'éléments permettant une intégration consensuelle. La mise en place de structures d'assurance sociale telles que l'assurance retraite allemande en 1889 fut donc assortie de ce qu'on appelle les *Sozialistengesetze* (lois antisocialistes), qui prévoyaient l'interdiction des syndicats et du *Sozialdemokratische Arbeiterpartei* (Parti ouvrier social-démocrate/*SAP*, plus tard *SPD*).

Des arguments politiques, mais aussi économiques furent à l'origine de cette décision[42]. En effet, le processus d'industrialisation fut outre-Rhin fortement conditionné par le marché mondial, c'est pourquoi l'économie s'organisa dans l'Empire allemand selon un mode de croissance axé sur les exportations. Contrairement à la France, le Reich disposait de relativement peu de colonies, de sorte que la demande intérieure n'était pas soutenue par les richesses coloniales et resta globalement insuffisante[43]. Il privilégia très tôt une croissance nourrie par les exportations et fondée sur une production diversifiée et de qualité qui, grâce au soutien de la production d'armements, encouragea une spécialisation précoce dans la construction mécanique ainsi que dans l'industrie chimique et électrique[44]. Comme il ne fut pas possible de se limiter à sévir contre le mouvement ouvrier, une autre approche s'avéra nécessaire. Afin de protéger le commerce extérieur, il fallait encadrer les travailleurs et empêcher, ou du moins contenir les grèves et les soulèvements dans les entreprises. La loi sur l'assurance vieillesse et invalidité obligatoire fut, avec la loi sur l'assurance maladie, le pilier central de l'intégration consensuelle du monde ouvrier. Au moment de sa conception, le système de retraite était donc déjà relié au modèle de croissance allemand tiré par les exportations.

Toutefois, celui-ci était encore lacunaire et ses prestations ne constituaient qu'un simple complément de revenu. Le mode de financement par capitalisation entraîna, lors de l'hyperinflation de 1922/23, une forte dépréciation des placements et donc des

40. Jean-Luc Matt, « La sécurité sociale : organisation et financement », in M. de Montalembert (éd.), *La protection sociale en France*, Paris, La Documentation Française ; F. Syrovatka 2016, *op. cit.*
41. Richard Roth, *Rentenpolitik in der Bundesrepublik*, Marburg, Verl. Arbeiterbewegung und Gesellschaftswiss, 1989.
42. R. Roth 1989, *op. cit.*
43. Etienne Schneider, *Neue deutsche Europapolitik*, Frankfurt, New York, Campus, 2023.
44. Elmar Altvater, Kurt Hübner, « Das Geld einer mittleren Hegemonialmacht - Ein kleiner Streifzug durch die ökonomische Geschichte der BRD », *PROKLA. Zeitschrift für kritische Sozialwissenschaft* 1988, vol. 18, n° 73, p. 6-36.

indemnités de l'assurance retraite[45]. Ce n'est qu'après la Seconde Guerre mondiale que la grande réforme de 1957 instaura une retraite dynamique par répartition[46].

Il en découla des ajustements structurels qui firent passer la pension d'un revenu d'appoint à un véritable remplacement du salaire. Ces indemnités relativement élevées, placèrent l'assurance retraite légale au centre de la protection des personnes âgées, rendant superflue toute prévoyance supplémentaire, comme une cotisation à une caisse de retraite professionnelle ou privée. Jusque dans les années 1990, le système allemand était constitué d'un organisme de retraite qui finançait l'assurance vieillesse par des prélèvements, payés paritairement par les travailleurs actifs et leurs employeurs[47].

L'instauration de la retraite moderne, par répartition, se produisit en Allemagne dans le contexte d'un « fordisme flexible[48] », qui, comme le formula Julian German (2018), passe par le marché mondial. Contrairement à la France, où la dynamique d'accumulation après la Seconde Guerre mondiale fut essentiellement portée par l'évolution des salaires, le facteur déterminant continua de provenir de la demande mondiale d'exportations. En ce sens, promouvoir la demande intérieure fut moins important que de garantir la compétitivité des prix des entreprises allemandes, la stabilité et la prévisibilité du processus de production. Le modèle de croissance allemand tiré par les exportations put se baser sur un corporatisme qui anticipait les conditions de la concurrence mondiale et favorisait une hausse modérée des salaires (réels)[49]. Celle-ci resta inférieure aux gains de productivité, ce qui permit de maintenir la compétitivité des prix et d'assurer la position de l'Allemagne dans la division mondiale du travail.

Le système de retraite par répartition s'inscrivit dans ce compromis de classes dans la mesure où il donnait aux salariés une nouvelle forme de protection après la vie professionnelle, tout en assurant que, seuls, ceux qui avaient cotisé auparavant pouvaient en bénéficier. Les contributions patronales à l'assurance retraite représentèrent certes des charges patronales (*Lohnnebenkosten*), mais cet accord doit être interprété comme une concession historique faite à l'époque par les organisations patronales aux syndicats[50]. En effet, la réforme des retraites renforça l'intégration des syndicats dans les structures corporatistes qui garantissaient en outre le non-report des revendications salariales excessives dans les conventions collectives, comme le craignaient, encore en 1957, les organisations patronales[51]. Les revalorisations de pension indexées sur l'évolution des salaires, restèrent donc limitées. En complément, un système de points fut mis en place qui, jusqu'à aujourd'hui, établit un rapport entre les revenus soumis à cotisation et le salaire moyen de l'ensemble de la population allemande[52]. Il en résulta une pondération structurelle des retraites qui, en période de faible rémunération, a une incidence directe sur le montant de la pension et un effet modérateur sur les salariés.

45. Ainsi, la retraite, associée aux versements de l'État, fut alors obligatoirement convertie en un système de répartition afin de garantir les pensions. Durant la période nazie, on en revint à un système de capitalisation.
46. Christina May, *Generation als Argument*, Frankfurt am Main, Campus Verlag GmbH, 2010.
47. F. Steinmüller 2018, *op. cit.*
48. Robert Boyer, « The Eighties : The Search for Alternatives to Fordism », in B. Jessop, K. Nielsen (éds), *The politics of flexibility*, Aldershot, Elgar, p. 106-132.
49. S. Lehndorff, G. Bosch, T. Haipeter, E. Latniak 2009, *op. cit.*
50. C. May 2010, *op. cit.* ; R. Roth 1989, *op. cit.*
51. Les fédérations d'entreprises craignaient que le principe de répartition et le couplage des pensions et celle des salaires n'entraîne une spirale à la hausse dont les retraités profiteraient.
52. Christian Christen, *Politische Ökonomie der Alterssicherung*, Marburg, Metropolis-Verl., 2011.

Les bouleversements géoéconomiques des années 1970 mirent pour la première fois le modèle d'exportation allemand à rude épreuve. L'effondrement du système de Bretton Woods marqua le passage à un nouvel ordre international et modifia notamment les conditions du commerce mondial[53]. La concurrence s'intensifia avec l'essor du Japon et la mondialisation croissante de la production. La question du prix des exportations de marchandises devint cruciale. Comme les entreprises allemandes étaient liées par des conventions collectives et ne pouvaient pas facilement s'y soustraire, ce que l'on appelle les charges patronales, qui incluent les cotisations patronales à l'assurance retraite, furent critiquées. C'est pourquoi, dans les années 1980, la question de l'avenir du système de retraite et de sa pérennité financière fit l'objet d'intenses discussions[54].

Dans le débat médiatique et public, les prélèvements pour la retraite devinrent le principal facteur de coût, pesant sur les coûts salariaux unitaires, sapant ainsi la compétitivité en matière de prix des entreprises allemandes sur le marché mondial. La controverse s'accentua surtout après la réunification allemande, qui vit les cotisations de retraite relevées de 14 à 20,3 %. « L'homme malade de l'Europe », comme l'a appelé le magazine *The Economist* à la fin des années 1990, souffrait de coûts salariaux unitaires trop élevés qui devaient par conséquent être abaissés. En raison de leur effet de frein sur la compétitivité des prix, ces contributions, et donc l'ensemble du système de retraite, furent désignés comme une cause de stagnation économique et de chômage élevé.

Il s'ensuivit un ajustement du système de retraite à la nouvelle stratégie de croissance, énergiquement orientée vers l'exportation dans les années 2000[55]. On assista à une transformation profonde de l'État-providence allemand qui se traduisit par un changement de paradigme dans la politique des retraites et une baisse sans précédent des versements[56]. En particulier, les réformes de 2001 et 2004 réalisées dans le cadre de l'Agenda 2010 du chancelier social-démocrate Gerhard Schröder aboutirent à des changements majeurs. Le principal argument invoqué fut l'évolution démographique qui, en raison du grand nombre de futurs retraités, remettait en question le système dynamique de répartition. Dans la mesure où il s'agit de ne pas faire peser sur « les générations futures » des cotisations de retraite élevées ou des subventions supplémentaires versées par l'État et donc de ne pas affecter la compétitivité des entreprises allemandes, il était nécessaire de diminuer les prestations et, en conséquence, de prévoir une assurance vieillesse privée[57].

Au début des années 2000, le gouvernement fédéral social-démocrate entreprit de découpler la hausse des retraites de celle des salaires – en appliquant des mécanismes d'amortissement, appelés *Riester-Faktoren* (facteurs Riester) – de fiscaliser les retraites et de les soumettre à des prélèvements sociaux, d'une part. D'autre part, à travers cette *Riesterrente* (pension Riester), du nom du ministre Walter Riester, les pouvoirs publics introduisirent une prévoyance vieillesse privée par capitalisation,

53. Hans-Jürgen Bieling, Ulrich Brand, « Competitiveness or emancipation? Rethinking regulation and (counter) hegemony in times of capitalist crisis », in R. Westra, D. Badeen, R. Albritton (éds), *The future of capitalism after the financial crisis*, p. 184-204.
54. C. May 2010, *op. cit.*; Diana Wehlau, *Lobbyismus und Rentenreform*, Wiesbaden, VS Verlag für Sozialwissenschaften, 2009.
55. C. Christen 2017, *op. cit.*
56. C. May 2010, *op. cit.*
57. C. May 2010, *op. cit.*

subventionnée par l'État, et encouragèrent une retraite professionnelle par des incitations fiscales. En 2007, le gouvernement fédéral de coalition, conservateur et social-démocrate, d'Angela Merkel repoussa l'âge de départ à la retraite de 65 à 67 ans à l'horizon 2029. La loi fixa aussi un taux maximum de cotisation paritaire à 22 %. Toutefois, par des réformes structurelles, il fut ramené à 18,6 % à partir de 2016, ce qui réduisit la part des employeurs à 9,3 %, quotité qui est restée globalement stable depuis cette date.

Les réformes des retraites s'inscrivent dans un renforcement du modèle d'exportation allemand dans les années 1990[58]. Etienne Schneider[59] parla à ce propos « d'une attaque frontale contre le mouvement ouvrier organisé » qui remit en question de manière radicale les compromis sociaux fondamentaux des années 50 et 60 dans le but de consolider la compétitivité des prix des entreprises allemandes. Le système de retraite offrait en effet un levier intéressant car en le transformant, on pouvait modifier différents paramètres de nature à optimiser la capacité concurrentielle des prix. Premièrement, les coûts salariaux pouvaient être directement réduits en abaissant les contributions patronales. Toutes les réformes des retraites depuis 1990 cherchèrent à infléchir les cotisations paritaires et donc à limiter les charges patronales. Deuxièmement, le recul de l'âge de départ à la retraite permit de prolonger la durée de la vie active et de diminuer les prestations, puisque les paiements des pensions étaient perçus plus tardivement. En outre, les sources de productivité furent pleinement exploitées et la main-d'œuvre qualifiée maintenue dans l'emploi : ces deux points sont très importants dans le contexte de la production diversifiée et qualitative qui caractérise le modèle d'exportation allemand. Troisièmement, la baisse des retraites accompagna celle des contributions salariales et des subventions publiques, ce qui évita les déficits et eut un effet positif sur la stabilité monétaire. Quatrièmement, les réformes favorisèrent la souscription de retraites privées sous la forme de produits de prévoyance adossés au marché des capitaux, entraînant, d'une part, une plus grande financiarisation du salariat et, d'autre part, une individualisation de l'assurance vieillesse. La pauvreté des personnes âgées ne fut ainsi plus une question sociale, mais un problème individuel. Cette double évolution contribua directement et indirectement à instaurer une discipline chez les salariés[60].

À cet égard, les réformes des retraites des années 2000 en Allemagne réactivèrent le modèle de croissance en promouvant plus fortement une orientation vers l'exportation par la réduction effective des charges patronales. Cependant, elles eurent des répercussions considérables sur le fonctionnement du système de retraite. Représentant 48,1 % du revenu moyen, la pension ne remplit plus aujourd'hui, dans une large mesure, sa mission sociopolitique consistant à assurer une vieillesse décente. De plus, elle ne joue plus assez son rôle de prévention de la pauvreté qui touche actuellement plus d'un retraité sur 10 (11 %) en Allemagne et qui a augmenté de manière impressionnante au cours des dix dernières années. En raison du système à points, les femmes en particulier perçoivent des allocations plus faibles que la moyenne à cause des périodes pendant lesquelles elles ont éduqué leurs enfants ou travaillé à

58. Martin Höpner, Lucio Baccaro, « The Political-Economic Foundations of Export-Led Growth: An Analysis of the German Case », in L. Baccaro, M. Blyth, J. Pontusson (éds), *Diminishing returns*, New York, NY, Oxford Univ. Press, p. 238-268.
59. Etienne Schneider, *Neue deutsche Europapolitik*, Frankfurt, New York, Campus, 2023, p. 161.
60. C. Christen 2017, *op. cit.*

temps partiel. Ainsi, ce mécanisme renforce systématiquement des modèles genrés et désuets, et pérennise la dépendance des femmes dans la dernière partie de leur vie[61].

Dans l'ensemble, la grande majorité des retraités en Allemagne vit avec un revenu mensuel net inférieur à 1 000 euros[62]. Avec 21,9 %, le risque d'être classé comme pauvre se situe alors nettement au-dessus des 18,1 % de la moyenne européenne[63]. Les réformes des retraites des années 2000 font craindre une nouvelle augmentation du risque dans un futur proche. En effet, les baby-boomers sont une génération marquée par des carrières professionnelles discontinues, notamment depuis les années 1990, et subiront de plein fouet les effets des réformes de ces dernières années.

L'évolution du système de retraite français

En France, la prise en charge des risques financiers liés à la vieillesse ne se généralisa qu'après la fin de la Seconde Guerre mondiale et, contrairement à l'Allemagne, les caisses professionnelles ne se développèrent que dans certains domaines. L'industrialisation tardive fit que l'économie française resta longtemps un pays très agricole où les personnes âgées furent longtemps soutenues financièrement par les structures familiales en échange de tâches simples. Certes, il existait dès avant la Révolution française quelques systèmes de retraite professionnelle, comme celui des marins, mais ceux-ci servaient moins à subvenir aux besoins des aînés qu'à protéger l'État contre le vol et le vandalisme[64]. C'est seulement au XIXe siècle que des organisations d'entraide par métiers se constituèrent ponctuellement pour couvrir les risques liés à la vieillesse, mais elles n'englobèrent jamais la totalité des travailleurs. Jusqu'à la Seconde Guerre mondiale, toutes les tentatives d'introduire un dispositif unifié à l'échelle nationale furent vouées à l'échec.

Après la Seconde Guerre mondiale, la reconstruction du pays et la nécessité de rattraper le retard industriel ainsi que la forte implantation des syndicats et du Parti communiste français furent autant de facteurs qui encouragèrent un pilotage de l'économie par l'État. Le *dirigisme* fut la clé de voûte de la politique économique française, instituant un modèle de croissance tiré par la demande au moyen d'une politique industrielle active (*colbertisme*) et d'une planification économique (*planification*)[65]. La France devint un État fordiste exemplaire qui créa de la croissance grâce à des politiques publiques d'investissement et à un État-providence étendu de type keynésien. Le pilier de ce système tiré par la demande et les salaires fut à partir d'octobre 1945 le « régime de sécurité sociale » dont la principale branche est l'assurance vieillesse[66] et qui fut étroitement lié à la volonté de redistribution des richesses. Son fondateur, Pierre Laroque, expliqua que l'ambition de la Sécurité sociale était de lutter contre le « complexe d'infériorité de la classe ouvrière » et d'assurer un redéploiement des revenus[67]. Ce cadre impliquait de faire participer les retraités à la consommation de

61. Gabriele Winkler, « Care als Armutsrisiko – Care Revolution als politische Antwort », in R.-M. Dackweiler, A. Rau, R. Schäfer (éds), *Frauen und Armut – Feministische Perspektiven*, Verlag Barbara Budrich, p. 450-468.
62. destatis, *Mehr als ein Viertel der Rentnerinnen und Rentner haben ein monatliches Nettoeinkommen von unter 1 000 Euro*, https://bit.ly/4a9ah4l.
63. Eurostat, *Persons at risk of poverty or social exclusion by age and sex - EU 2020 strategy*, Eurostat, 2022c.
64. Denis Kessler, « Histoire et avenir du système de retraite en France », *Revue d'économie financière* 1991, vol. 175, novembre, p. 465-490.
65. F. Syrovatka 2016, *op. cit.*
66. J.-L. Matt 2013, *op. cit.*
67. Mechthild Veil, *Alterssicherung von Frauen in Deutschland und Frankreich*, Berlin, Ed. Sigma, 2002, p. 30.

masse et de donner ainsi une impulsion à la croissance par une source supplémentaire de consommation privée.

L'opposition de différents secteurs professionnels attachés à leurs régimes spéciaux conduisit, dès l'origine, à une contradiction entre une conception universelle du travail et son organisation fortement morcelée. Il en résulta un système de retraite mixte, composé d'un régime de base public (*régime général*) et d'un régime professionnel géré par les partenaires sociaux (*retraite complémentaire*). C'est surtout dans ce dernier que l'on assista dans les années 1960 à une véritable prolifération de caisses de retraite. Aujourd'hui encore, la légende veut qu'il y en ait autant que de variétés de fromages[68]. Enfin, en 1972 l'État mit un terme à cette évolution en les fusionnant au sein de l'ARRCO (pour les salariés ordinaires) et de l'AGIRC (pour les cadres) et en déclarant obligatoire la retraite complémentaire professionnelle. De fait, seul le cumul des deux prestations ouvre des droits à une retraite suffisante, de sorte que chaque travailleur en France perçoit des allocations provenant en moyenne de 2,8 caisses[69].

Parallèlement à ce système général ou complémentaire, il existe en France un grand nombre de régimes spéciaux, principalement dans le secteur public, qui appliquent leurs propres règles précisant quand et comment leurs membres peuvent partir à la retraite. Certaines catégories professionnelles refusent, avec succès jusqu'à aujourd'hui, d'être rattachées au régime général pour conserver leurs systèmes spécifiques qui, pour la plupart, sont antérieurs à la Seconde Guerre mondiale. Leurs dispositions et leurs versements sont nettement plus généreux que ceux du régime général[70].

Même si un modèle unique de protection de la vieillesse, tel que le Conseil National de la Résistance l'avait imaginé en 1944 en s'inspirant du plan britannique Beveridge, ne put voir le jour, l'assurance retraite française comporta d'emblée l'exigence d'être un droit civique social permettant aux plus âgés de participer matériellement à la société[71]. Par ailleurs, elle inclut aussi l'idée de considérer la retraite comme un facteur économique rentable en intégrant les personnes âgées dans un régime orienté vers la demande[72]. Toutefois, la volonté d'autonomie des professions déboucha sur la construction d'un système très confus et atomisé, qui institutionnalisa, notamment à travers de nombreuses réglementations particulières, une situation plus avantageuse pour les salariés du secteur public que pour ceux du secteur privé. Cela correspondit à la politique économique des premières années de la Ve République. En effet, jusque dans les années 1980, l'État se développa au point de devenir le premier employeur du pays ; en 1982, il rémunérait près de cinq millions de personnes dans la fonction publique[73].

Pour le modèle de croissance tiré par les salaires, la retraite constitua donc rapidement une composante essentielle de la demande. Deux raisons à cela. D'abord, le système français de l'emploi entraîna une évolution continue des retraites. Jusqu'au début des années 80, les salaires et les traitements étaient automatiquement indexés sur l'augmentation du coût de la vie et les salariés touchaient un intéressement aux

68. M. Veil 2002, *op. cit.*
69. F. Syrovatka 2016, *op. cit.*
70. M. Veil 2002, *op. cit.*, 46ff.
71. D. Kessler 1991, *op. cit.*
72. M. Veil 2002, *op. cit.*
73. Cour des Comptes, *Les effectifs de l'État 1980-2008*, Paris, 2009.

bénéfices des entreprises dans le cadre de la « participation[74] ». Ensuite, une obligation de cotisation non paritaire fut appliquée qui taxa davantage les employeurs que les salariés. Cela permit non seulement de stimuler la consommation privée des salariés mais aussi de renforcer la vocation redistributive de la retraite. Dans un contexte de plein emploi et dans un système dynamique de répartition, l'effet de ces deux facteurs structurels fut de donner un coup de pouce relativement important à la politique économique[75]. Ainsi, en 1980, les pensions versées atteignirent déjà environ 10 % du PIB français[76].

Il n'y eut pas dans les années 1970 et 1980, comme ce fut le cas en Allemagne, de remise en question du système de retraite qui, au contraire, fut considérablement élargi[77] : *premièrement*, l'assurance retraite obligatoire fut étendue à tous les travailleurs, ce qui inclut les indépendants. *Deuxièmement*, le niveau des allocations fut progressivement revalorisé. La réforme Boulin de 1971 modifia le calcul de la pension en prenant en compte, au lieu des dix *dernières* années de chacun, les dix *meilleures années* rapportées au niveau du revenu moyen de l'époque. C'est ainsi que, jusque dans les années 1990, les indemnités augmentèrent plus vite que les prix et les salaires[78]. *Troisièmement*, onze ans plus tard, en 1982, François Mitterrand abaissa de 65 à 60 ans l'âge de la retraite à taux plein et de 40 à 37,5 le nombre d'annuités de cotisation nécessaires. Par cette réforme, Mitterrand confirma que la retraite était un droit social fondamental auquel chaque citoyen pouvait prétendre[79] et que c'était un élément essentiel pour une évolution positive du pouvoir d'achat[80]. *Quatrièmement*, cette décision alla de pair avec une hausse de la cotisation qui, jusque dans les années 1990, fut bien acceptée par les employeurs[81]. En effet, elle ne contredisait pas, comme en Allemagne, le modèle de croissance dominant et était en même temps couplée à la promesse d'une fin de vie sereine et de qualité pour tous. De plus, la contribution n'était pas calculée de manière paritaire, mais pesait davantage sur les employeurs que sur les salariés.

Au début des années 1990, on assista pour la première fois à un débat public sur l'avenir des retraites et leur financement[82]. Comme dans les années 1980 en Allemagne, il s'inscrivit dans une phase de ralentissement économique qui révéla petit à petit les limites du modèle de croissance tiré par les salaires dans le contexte de la mondialisation et de l'intégration européenne des marchés. La signature du traité de Maastricht ajouta le contrôle et les restrictions fiscales de l'UE. Le gouvernement français s'engagea à réduire le déficit budgétaire, ce qui signifia inévitablement une diminution des subventions publiques à la Sécurité sociale. C'est ainsi que l'on observa dans les années 1990 et 2000 un ajustement du montant des pensions et une remise en cause partielle des acquis sociaux des années 1980. La grande réforme des retraites en 1991 constitua un tournant politique décisif dans la mesure où, pour la première fois, les indemnités furent baissées. Elle rétablit la durée de cotisation

74. F. Syrovatka 2016, *op. cit.*
75. Philippe Estèbe, « Entstehung und Niedergang eines Sozialmodells », *Länderbericht Frankreich*, Bonn, Bpb Bundeszentrale für Politische Bildung, p. 208-221.
76. OECD, *Social protection*, Paris, OECD, 2024.
77. D. Kessler 1991, *op. cit.*
78. D. Kessler 1991, *op. cit.*
79. République française, *Ordonnance n° 82-270 du 26 mars 1982*, https://bit.ly/3TPSfic.
80. Jean-Pierre Dumont, « Le pouvoir d'achat des pensionnés est en diminution », *Le Monde* 31.12.1981.
81. B. Palier 2003, *op. cit.*
82. F. Syrovatka 2016, *op. cit.*

nécessaire à 40 ans et le revenu du travail à prendre en compte aux 25 meilleures années. Dans le même temps, le montant des versements fut réévalué sur la base d'une indexation sur les prix et non plus sur les salaires. En conséquence, les pensions évoluèrent moins vite que les salaires, ce qui n'était jamais arrivé depuis 1971[83]. La grande réforme suivante fut mise en œuvre par le gouvernement Raffarin qui, après l'échec du plan Juppé en 1995, n'aborda cette question qu'en 2003. Elle prévoyait une homogénéisation globale des conditions de retraite entre le secteur public et le secteur privé ainsi qu'un allongement progressif des années de cotisation, de 40 à 42 ans[84].

Toutes les réformes des retraites se heurtèrent à de vives protestations. Les syndicats, en particulier, se mobilisèrent massivement contre les projets réduisant les indemnités. Par conséquent, aucun projet ne put être mené à bien depuis 1990. Plusieurs tentatives, comme le plan Juppé en 1995, échouèrent même complètement face à l'opposition de la population. Le système français apparaît donc jusqu'à aujourd'hui en grande partie inchangé. Le niveau des retraites qui atteint actuellement de 74,4 %, est sensiblement plus élevé qu'en Allemagne, ce qui, en raison du niveau des salaires également supérieur, se traduit par des indemnités qui résistent à la pauvreté. Ainsi, seuls 4,4 % des retraités français sont considérés comme pauvres et le risque de basculer dans cette catégorie est, avec 10,8 %, largement en dessous de la moyenne européenne[85]. Une pension de 1 466 € par mois est certes nettement inférieure au salaire de 2 600 €, mais nettement supérieure aux chiffres européens[86]. Ainsi, la retraite en France ne protège pas seulement de la pauvreté, mais elle garantit également une participation à la vie sociale.

En raison d'un taux de natalité relativement élevé, le système français présente aussi une grande stabilité financière. Entre 2020 et 2021, les différentes caisses de retraite dégagèrent même des excédents. Pourtant, le Conseil d'orientation des retraites (COR) prévoit un déficit annuel de 0,7 à 0,8 % du PIB pour les années 2024 à 2030[87]. Certains observateurs craignent même un taux de 2,8 % du PIB, si l'on prend en compte les versements de l'État aux caisses de la fonction publique[88]. Il n'empêche que la question du financement est avant tout un sujet politique. L'enjeu est de savoir si les salariés français sont prêts à maintenir le niveau des retraites en augmentant les prélèvements sociaux et les subventions publiques. Contrairement à ce qui se passe en Allemagne, ce sujet n'est pas débattu en France, jusqu'ici, dans une perspective technocratique – quelle stratégie adopter pour promouvoir le pays comme site d'implantation industrielle – mais uniquement sous l'angle des futurs déficits et de la manière de les résoudre politiquement. Il est frappant de constater que les médias mettent en avant le rôle de stimulant économique que peut jouer la retraite pour développer le pouvoir d'achat dans l'ensemble de la société. L'argument est que le déficit attendu est nettement inférieur à l'impulsion donnée par les retraites à la demande économique globale et que, donc, une réduction des prestations serait économiquement contre-productive. Ainsi, tandis qu'en Allemagne, la retraite est

83. Mechthild Veil, « Zukunft der Alterssicherung : Rentenpolitik und Rentenreformen in Deutschland und Frankreich », in W. Neumann (éd.), *Welche Zukunft für den Sozialstaat ?*, Wiesbaden, VS Verl. für Sozialwiss.
84. F. Syrovatka 2016, *op. cit.*
85. Eurostat 2022c, *op. cit.* ; OECD 2023, *op. cit.*
86. DREES, *Les retraités et les retraites*, Paris, 2022.
87. Conseil d'orientation des retraites 2023, *op. cit.*
88. Martin Le Roy, « Repensons notre "culture de la retraite" », *Les Échos* 30.08.2023, vol. 115, nº 24032, p. 11.

avant tout perçue comme une charge qui pèse sur les coûts salariaux, fragilise la compétitivité des entreprises et est donc en partie responsable du chômage et de la stagnation économique, elle est appréhendée en France comme un élément essentiel de son modèle de croissance et une éventuelle baisse est synonyme d'affaiblissement de la demande agrégée.

Le changement du système de retraite correspond-il à un changement du modèle de croissance ?

Une évolution de la signification politico-économique et culturelle de la retraite s'opéra en France après la crise de l'euro en 2007. Comme nous l'avons expliqué ailleurs, le pays fut soumis à la pression de la politique européenne résultant de la crise de l'euro. La Commission, qui lui prodigua plusieurs recommandations dans le cadre du Semestre européen (de coordination des politiques économiques), l'invita à abandonner son modèle de croissance tiré par les salaires et à adopter une démarche davantage orientée vers l'exportation[89]. Comparant les taux de cotisation de retraite, l'UE désigna les plus élevés comme un obstacle majeur à la croissance et mit en doute la stabilité financière du système de retraite[90]. Dans le discours public, un nombre croissant de voix s'éleva pour dénoncer, comme en Allemagne, les répercussions du taux de cotisation élevé (27,8 %) sur la compétitivité des prix. La question des retraites, déjà houleuse dans le débat français depuis les années 1990, connut une nouvelle dynamique à partir de 2010, notamment parce que les employeurs la relièrent à la crise économique[91].

Par la suite, il y eut plusieurs réformes des retraites qui visèrent essentiellement le noyau du système en allégeant la charge pour les employeurs. Pour résumer, toutes eurent jusqu'à présent pour but de réduire le taux de cotisation et donc, en fin de compte, les coûts salariaux[92]. Elles se heurtèrent toutefois à une résistance parfois farouche, sous la forme de protestations massives qui eurent gain de cause. En effet, aucune réforme substantielle ne put être imposée. En particulier, le passage à un système à points, imaginé par Emmanuel Macron, aurait transformé structurellement le système de retraite français et, à moyen terme, abaissé considérablement le taux de contribution mais aussi le niveau des retraites. À la suite des manifestations, Macron renonça à ce changement et préféra reprendre les mesures précédentes. C'est pourquoi, la réforme adoptée en 2023 comprend avant tout un report de l'âge du départ à la retraite à 64 ans d'ici 2030 et une augmentation à 43 ans de la durée nécessaire de cotisation.

À l'instar des profondes mutations sur le marché du travail, les projets de réformes suggèrent qu'ils pourraient s'inscrire dans un processus de changement plus large du modèle de croissance. Tout porte à croire que la France s'éloigne de son régime tiré par les salaires et adopte lentement une orientation exportatrice. On peut raisonnablement penser que la réflexion sur les réformes nécessaires, malgré les excédents actuels des caisses de retraite, dominera le débat dans les prochaines années.

89. F. Syrovatka 2016, *op. cit.*, 2021, *op. cit.*; Felix Syrovatka, *Neue Europäische Arbeitspolitik*, Frankfurt a.M, New York, (Campus) 2022; Felix Syrovatka, « The emergence of a New European Labour Policy regime: Continuity and change since the euro crisis », *Competition & Change* 2022, vol. 26, n° 5, 575-602.
90. F. Syrovatka 2016, *op. cit.*
91. Laurence Parisot, *Besoin d'air*, Paris, Seuil, 2007.
92. F. Syrovatka 2016, *op. cit.*

En Allemagne aussi, on évoque une nouvelle réforme. L'arrivée à la retraite dans un avenir proche de la nombreuse génération du baby-boom apparaît comme un défi majeur pour le modèle d'exportation allemand. Cette perspective aggrave la pénurie de main-d'œuvre qualifiée déjà existante dans l'industrie et dans la plupart des métiers de service et entraînera certainement une hausse des dépenses. C'est pourquoi, les formules actuellement examinées tendent à un plus grand découplage entre la retraite publique et la retraite professionnelle. Ainsi, un accord de la coalition de gouvernement composée des sociaux-démocrates, des Verts et des libéraux fut trouvé dès le printemps 2024 pour créer une alternative au dispositif public, au moyen de ce que l'on appelle la retraite par capitalisation (*Aktienrente*) qui serait financée par le marché des capitaux. Jusqu'à présent, ce fonds relativement modeste est alimenté par un emprunt d'État, mais il existe déjà des projets plus ambitieux qui consisteraient à l'abonder par une partie des prélèvements. La retraite par capitalisation devrait, à l'avenir, compléter la pension publique. En même temps que le recul de l'âge de départ à 70 ans, les cotisations sont censées être maintenues à un faible niveau à long terme afin de ne pas compromettre le modèle de croissance allemand tiré par les exportations, et ce, malgré l'augmentation du nombre de retraités.

Conclusion

En Allemagne et en France, la retraite ne revêt pas la même fonction en matière de politique économique. Alors qu'en Allemagne, elle est principalement assimilée à un facteur renchérissant les charges patronales, elle joue en France un rôle important dans l'orientation de la politique économique du pays parce qu'elle est un élément central de la demande agrégée et du pouvoir d'achat social. Cela explique la différence de réactions des sociétés aux tentatives politiques de changement. La disparité entre les perceptions culturelles de la prévoyance vieillesse est en grande partie liée à la place spécifique du système de retraite dans le modèle de croissance de chacun des deux pays. Tandis qu'en France, la retraite est plutôt connotée positivement comme un vecteur de demande économique et donc de richesse, elle est en Allemagne, avant tout un poste de coûts qui menace la compétitivité et donc la prospérité du pays. En période de stagnation économique comme dans les années 2000, une législation visant à libéraliser le système de retraite fut donc plus facile à adopter en Allemagne que ce n'est le cas en France actuellement. En effet, si une telle réforme, dans un régime de croissance tiré par les exportations, répond à une certaine logique de réduire les charges patronales pour gagner en compétitivité sur les prix, elle reste contestable dans un régime tiré par les salaires.

– Traduit de l'allemand par Béatrice Pellissier –

Sophie Bouiller*

Comparaison et bouleversement des modèles économico-sociaux en RFA et RDA autour de 1990

Introduction

Quiconque s'intéresse à l'histoire de la politique sociale en Allemagne depuis 1945 ne peut se passer de lire, ou du moins de consulter, les onze monographies résultant de la coopération entre le ministère fédéral du Travail et des Affaires sociales et les Archives fédérales (*Bundesarchiv*). Chaque volume de plus de mille pages aborde de manière exhaustive la question de la politique sociale et de son application concrète, branche par branche, dans les deux Allemagnes. S'ils peuvent sembler très techniques, voire arides à première vue, leur intérêt pour l'historien réside, d'une part, dans le fait qu'ils définissent des temporalités propres à la RFA et à la RDA dans la construction puis l'extension de l'État-providence dans les années 1960 et 1970 et, d'autre part, qu'ils font apparaître une histoire commune lors du processus d'unification des deux États allemands en 1989-1990.

La fin des années 1980 est marquée, en RFA comme en RDA, par une crise profonde de l'État-providence. Liée à des causes structurelles distinctes, cette crise met en exergue des différences fondamentales entre une politique sociale démocratique en RFA et une « dictature sociale[1] » (« *Versorgungsdiktatur* ») en RDA. Elle confronte les deux États à la nécessité de mettre en place des réformes de grande ampleur afin de pérenniser leur modèle social respectif. Le processus d'unification des deux Allemagnes s'apparente quant à lui à une période pleine d'ambivalences. Une forme d'incertitude liée à la possibilité même d'une union sociale entre la RFA et la RDA est

* Professeure agrégée d'allemand en CPGE Lettres et Sciences sociales (B/L) au lycée Gabriel Guist'hau à Nantes. En 2018, elle a soutenu une thèse en Études germaniques intitulée « Le Parti social-démocrate allemand et la justice sociale dans les années 1980. Une identité social-démocrate à l'épreuve de l'unification (1989-1990) ». Elle a notamment publié : « La refondation programmatique du SPD à l'aube des années 1990 : un "Bad Godesberg II" ? », *Histoire Politique*, n° 47, 2022, consulté le 28 mars 2024. URL : http://journals.openedition.org/histoirepolitique/7507 ; DOI : https://doi.org/10.4000/histoirepolitique.7507.

1. Bouvier, Beatrix, *Die DDR - ein Sozialstaat ?, Sozialpolitik in der Ära Honecker*, Bonn : Verlag J.H.W. Dietz Nachf., 2002, p. 337. Beatrix Bouvier distingue ici un autoritarisme hérité du XIXe siècle sous la forme d'une soumission naturelle à l'autorité (« *Obrigkeit* ») d'un autoritarisme propre aux régimes dictatoriaux. Largement admis par les historiens occidentaux, ce qualificatif de dictature, souvent utilisé pour condamner de manière générale le régime en Allemagne de l'Est, est également sous-entendu par Manfred G. Schmidt qui voit dans la RDA un État mêlant assistance et surveillance (« *Versorgungs- und Überwachungsstaat* »). Cf. Schmidt, Manfred G., *Grundzüge der Sozialpolitik in der DDR*, Bremen : Zentrum für Sozialpolitik, Univ. Bremen, 1999, p. 23.

perceptible car la politique sociale fait d'emblée figure de parent pauvre de l'unité monétaire et économique négociée par les deux États et entrée en vigueur le 1er juillet 1990. Dans le même temps émerge un sentiment d'espoir quant à la possibilité d'un renouveau, voire d'une « troisième voie » que pourrait constituer la refondation complète de l'État-providence dans l'Allemagne unifiée.

Comparaison des politiques sociales en RFA et RDA avant 1989 : l'exemple des retraites et du chômage

Seul le système d'assurances, hérité du modèle social instauré par Bismarck à la fin du XIXe siècle, fut commun aux deux États allemands et servit de légitimation à des régimes par nature fondamentalement opposés. Si l'État-providence fut en effet l'un des principaux leviers au service de la consolidation de la jeune démocratie en RFA à partir de 1949 et jusqu'à la crise économique de 1966, il s'avéra par contraste un puissant instrument « d'édification du socialisme[2] », c'est-à-dire de légitimation et de consolidation du Parti socialiste unifié d'Allemagne (*Sozialistische Einheitspartei Deutschlands*, SED) et donc d'établissement d'un régime dictatorial dans la RDA des années 1949 à 1961.

En RFA, le système d'assurances sociales reposa quasiment intégralement sur l'emploi salarié et érigea en modèle un État-providence traditionnel auquel les sociaux-démocrates se montrèrent particulièrement attachés. Des cotisations sociales paritaires, supportées à la fois par les salariés et par le patronat, ouvraient droit à des allocations dans les quatre branches que comptait alors la sécurité sociale : maladie, accident, vieillesse et chômage. La réforme des retraites de 1957, initiée par le gouvernement chrétien-libéral de Konrad Adenauer, instaura un changement de paradigme majeur avec le principe d'une retraite par répartition, et non plus par capitalisation, et d'une « retraite dynamique » au sens d'une indexation des pensions sur la progression moyenne des salaires bruts. L'âge légal de départ à la retraite fut fixé à 65 ans, après 40 annuités de cotisations. La réforme de 1972, portée par le gouvernement social-libéral de Willy Brandt, étendit ce système aux travailleurs indépendants ainsi qu'aux professions libérales et le taux de remplacement atteignit les 64 %. En 1975, l'assurance chômage fut quant à elle réévaluée à la hausse, permettant ainsi aux salariés ayant perdu leur emploi de percevoir 68 % de leur ancien salaire pendant un an, puis 58 % pour une durée indéfinie. Le double choc pétrolier de 1973 et 1979 bouleversa cette approche keynésienne traditionnelle du rôle dévolu à l'État en matière de régulation de l'économie et engendra par répercussion une explosion sans précédent des dépenses sociales en RFA dès 1981-1982. Certes, ces dernières purent être stabilisées à environ 27 % du PIB entre 1982 et 1989, mais au prix d'une augmentation des cotisations sociales (soit environ 35,9 % du salaire brut en 1989). Seules des réformes de grande envergure devaient permettre de pérenniser le système de sécurité sociale. Ce fut le cas avec la réforme de la santé en 1988 qui se traduisit par une baisse de la prise en charge et par une hausse des prélèvements sociaux et du ticket modérateur. La réforme des retraites en 1989 permit certes une revalorisation des pensions ou la prise en compte d'annuités supplémentaires en cas de congé parental, mais elle signa également l'augmentation progressive de l'âge de départ légal à la retraite pour

2. Metzler, Gabriele, *Der deutsche Sozialstaat. Vom bismarckschen Erfolgsmodell zum Pflegefall*, Stuttgart/München : Deutsche Verlags-Anstalt, 2003, p. 155.

atteindre à nouveau 65 ans. Peu à peu s'opéra une mutation profonde de l'État-providence traditionnel vers un « État de sécurisation[3] » (« *Sicherungsstaat* »), c'est-à-dire un glissement sémantique de la sécurité vers la sécurisation. Dans cette perspective, les réformes n'eurent plus pour but de garantir, ni même de promouvoir la sécurité sociale dans un contexte de croissance mais plutôt de pérenniser, au sens de « sécuriser », le système institutionnel tout en éliminant les éléments perturbateurs que constituaient les nouveaux risques sociaux ou la transition démographique.

Contrairement à la RFA, la RDA instaura un système de protection sociale unifié et universel, garanti par l'État. Cet universalisme, en réalité synonyme d'autoritarisme, se traduisit par une protection sociale réduite au strict minimum. Le système, financé par des cotisations uniques et administré par une caisse d'assurance centralisée, fut placé sous le contrôle du SED par l'intermédiaire du syndicat FDGB (*Freier Deutscher Gewerkschaftsbund*). Les entreprises jouèrent un rôle clé dans l'émergence puis la consolidation d'un « État social planifié » (« *planwirtschaftlicher Versorgungsstaat*[4] ») ainsi que dans la mise en œuvre concrète de la politique sociale. De fait, il n'y eut en RDA pas de ministère du Travail et des Affaires sociales[5] avant la constitution du gouvernement en avril 1990 issu des premières élections libres du 18 mars 1990. Ce mélange typiquement socialiste d'État-providence dans son acception anglo-saxonne traditionnelle (*welfare state*) et d'État-providence centré sur le travail (*workfare state*)[6] mit délibérément à l'écart les retraités. Grands oubliés de la politique sociale, beaucoup ne touchèrent qu'un minimum vieillesse de 300 *mark* est-allemands en 1988, soit un montant bien en deçà du salaire minimum (400 *mark* est-allemands en 1976). L'assurance chômage fut quant à elle supprimée en 1977 puisqu'il n'y avait officiellement pas de chômage en RDA. En réalité, le pays comptait à la fin des années 1980 1,4 million de chômeurs (soit 15 %), stigmatisés comme « asociaux », et 1,6 million de travailleurs surnuméraires. Au « droit au travail » et au « devoir de travailler », inscrits dans la Constitution[7], s'ajoutèrent une protection étendue contre les licenciements et un salaire minimum qui se substituèrent à toute autre forme de protection sociale institutionnelle contre le chômage. Alors qu'il se voulait unifié, universel et égalitaire, l'État-providence est-allemand se caractérisa par sa fragmentation et sa très grande hétérogénéité, en témoignent le système de retraites complémentaires

3. Nullmeier, Frank / Rüb, Friedbert W., *Die Transformation der Sozialpolitik. Vom Sozialstaat zum Sicherungsstaat*, Frankfurt am Main / New York : Campus Verlag, 1993.
4. Cf. Hockerts, Hans Günter, *Der deutsche Sozialstaat. Entfaltung und Gefährdung seit 1945*, Göttingen : Vandenhoeck & Ruprecht, 2011, p. 14 ; Hockerts, Hans Günter, *Drei Wege deutscher Sozialstaatlichkeit. NS-Diktatur, Bundesrepublik und DDR im Vergleich*, München : Oldenbourg, 1998, p. 7.
5. Regine Hildebrandt, du SPD en RDA, fut ministre du Travail et des Affaires sociales d'avril à août 1990 dans le gouvernement de Lothar de Maizière (CDU-est) et la principale interlocutrice du gouvernement d'Helmut Kohl ainsi que du SPD ouest-allemand, alors dans l'opposition, au moment des négociations sur l'unité sociale entre la RFA et la RDA.
6. Schmidt, Manfred G., *Grundzüge der Sozialpolitik in der DDR*, *op. cit.*, 1999, p. 43.
7. Inscrit dès le 7 octobre 1949 dans l'article 15 de la Constitution de la République démocratique allemande, le « droit au travail » (« *Recht auf Arbeit* ») appartenait aux droits sociaux fondamentaux et fut précisé dans l'article 24 alinéa 1 de la Constitution de 1968 : « *Jeder Bürger der Deutschen Demokratischen Republik hat das Recht auf Arbeit. Er hat das Recht auf einen Arbeitsplatz und dessen freie Wahl entsprechend den gesellschaftlichen Erfordernissen und der persönlichen Qualifikation.* » Complémentaire du « droit au travail », le « devoir de travailler » (« *Pflicht zur Arbeit* ») ne fut toutefois pas clairement défini dans l'alinéa 2 : « *Gesellschaftlich nützliche Tätigkeit ist eine ehrenvolle Pflicht für jeden arbeitsfähigen Bürger. Das Recht auf Arbeit und die Pflicht zur Arbeit bilden eine Einheit.* » S'agissait-il d'un devoir moral ou d'une mesure de coercition ? Cf. Constitution de la République démocratique allemande du 6 avril 1968 (modifiée le 7 octobre 1974), URL : http://www.documentarchiv.de/ddr/verfddr.html [25 mars 2024].

(*Freiwillige Zusatzrentenversicherung*, FZR) instauré en 1968 ou de subventions et d'avantages en nature. Ce système donna l'illusion d'être viable alors qu'il était déjà en déficit chronique dans les années 1980 et dépendant des financements étrangers, notamment de crédits se montant à plusieurs milliards de *deutschemark* (DM) accordés par la RFA à partir de 1983-1984. S'agissait-il pour autant d'un État-providence ? Ou bien d'une « dictature de l'aide sociale[8] » ? En effet, la sécurité sociale ne fut garantie qu'au prix du sacrifice de la liberté et de l'émancipation politique.

Les nouveaux défis liés à la chute du Mur et au processus d'unification (1989-1990)

Conséquence directe de l'ouverture du Mur, l'arrivée massive d'Allemands de RDA (*Übersiedler*) en RFA, et plus ponctuellement de citoyens des pays du bloc de l'Est (*Aussiedler*), contribua dès novembre 1989 à fragiliser des équilibres sociaux déjà précaires. Comme la RFA se considérait comme le seul État allemand (« *Alleinvertretungsanspruch* ») et n'avait officiellement reconnu ni la RDA ni la nationalité est-allemande, les Allemands de l'Est furent considérés comme des citoyens allemands dès leur entrée sur le territoire fédéral. Ils purent donc bénéficier immédiatement des mêmes allocations sociales que ceux de l'Ouest, que ce soit en matière de chômage, de retraites, d'allocations familiales ou de bourses. En outre, ils perçurent des allocations spécifiques, comme 100 DM de bienvenue à leur arrivée (« *Begrüßungsgeld* »), qui pesèrent d'autant plus dans le budget fédéral et remirent en question la pérennité financière du système de protection sociale ouest-allemand. Pour faire face à cette hémorragie en RDA et ces disparités grandissantes en RFA, le gouvernement d'Helmut Kohl avait déjà envisagé dès le 31 août 1989 de mettre en place une allocation dite d'intégration, d'un montant mensuel compris entre 1 001 et 1 219 DM, devant se substituer aux allocations en vigueur. Il s'agissait de répondre à la jalousie sociale et à la peur du déclassement des Allemands de l'Ouest sans pour autant donner une « prime à l'arrivée » à leurs compatriotes de l'Est.

Deux questions cristallisèrent particulièrement les rancœurs à l'égard des Allemands de l'Est : celle des retraites, d'une part, et celle de la fraude aux allocations sociales, d'autre part. Depuis 1952 et la Loi relative aux droits à la retraite acquis à l'étranger (*Fremdrentengesetz*) était appliqué le principe de l'import des droits acquis en RDA, ce qui ne fut pas sans engendrer des inégalités flagrantes entre Allemands de l'Ouest et de l'Est. Malgré des droits moindres du fait des différences de salaires entre la RFA et la RDA, les retraités de RDA purent toucher des pensions comparativement plus élevées que ceux de RFA. Cela ne fit que renforcer l'attractivité de la RFA et les ressentiments des Allemands de l'Ouest. En effet, cela constituait une remise en cause du contrat entre les générations et de la justice en matière de cotisations sociales. N'étant en outre pas tenus de déclarer leur lieu de résidence principale, certains Allemands de l'Est, notamment dans les régions frontalières, purent à la marge cumuler les avantages sociaux des deux systèmes tout en continuant à vivre en RDA.

8. Konrad H. Jarausch emploie indistinctement le terme allemand « *Fürsorgediktatur* » ou son équivalent en anglais « *Welfare Dictatorship* ». Cf. Jarausch, Konrad H., « Care and coercition. The GDR as Welfare Dictatorship », in Jarausch, Konrad H., *Dictatorship as Experience. Towards a Socio-Cultural History of the GDR*, New York / Oxford : Berghahn Books, 1999, p. 47-69, cit. in Schönhoven, Klaus / Mühlhausen, Walter, *Der deutsche Sozialstaat im 20. Jahrhundert. Weimarer Republik, DDR und Bundesrepublik Deutschland im Vergleich*, Bonn : Verlag J.H.W. Dietz Nachf., 2012, p. 154.

La question de l'unité sociale entre les deux États allemands devint de fait de plus en plus prégnante. Elle fut avant tout portée par les sociaux-démocrates de l'Est et de l'Ouest car, dans les premiers projets négociés entre les deux gouvernements allemands, elle ne figura que sous la forme d'une communauté sociale subordonnée aux projets d'unité monétaire et économique. Or, aux yeux des deux partis sociaux-démocrates, elle était indispensable pour répondre aux bouleversements socio-économiques en RDA, endiguer le « tourisme social », encadrer socialement le processus d'unification et ainsi éviter que la RDA ne subisse une « thérapie de choc ». C'était également pour eux l'occasion de réformer en profondeur l'État-providence ouest-allemand, en corrigeant les dysfonctionnements les plus criants et en intégrant les « acquis sociaux » est-allemands. Cela devait passer par une harmonisation de l'assurance retraite afin d'éviter toute forme « d'annexion sociale » de la RDA. Le SPD ouest-allemand alla même jusqu'à parler, de manière abusive et hautement provocatrice, du risque « d'*Anschluss*[9] » social de la RDA et préféra avancer l'idée d'une extension du modèle ouest-allemand, reprenant le principe d'une retraite par répartition indexée sur les revenus. Devraient y être intégrés les acquis de RDA, à savoir la généralisation du minimum vieillesse, l'affiliation obligatoire de tous les actifs à l'assurance retraite et l'harmonisation des régimes des ouvriers et des employés. L'assurance chômage dut, quant à elle, être créée *ex nihilo* en RDA par extension du modèle ouest-allemand. Entre 200 et 220 agences pour l'emploi, indépendantes du FDGB et des entreprises, virent le jour. L'allocation chômage se monta à 70 % de l'ancien salaire net, son financement devant être assuré pour les deux tiers par les cotisations salariales et patronales et pour le dernier tiers par un complément de l'État.

Des mesures transitoires furent néanmoins adoptées dans le Traité d'unification entre les deux États allemands afin de ne pas bouleverser outre mesure les équilibres sociaux à l'Est. Une clause de sauvegarde permettant le maintien et l'augmentation du minimum vieillesse en RDA de 330 à 495 DM fut adoptée pour une période d'au moins cinq ans. De plus, il fut décidé que la structure unifiée de la sécurité sociale en RDA serait conservée jusqu'au 1er janvier 1991, que tous les actifs sans distinction pourraient continuer à être obligatoirement affiliés à la sécurité sociale, tout en conservant néanmoins la possibilité de créer à terme différents régimes en fonction des catégories socioprofessionnelles. Le maintien provisoire de deux réglementations différentes, dans l'attente d'une unification complète des systèmes de protection sociale, entretint le flou quant à une future réforme de l'État-providence allemand. L'entrée en vigueur de la Loi sur la revalorisation des retraites en juin 1990 permit aux retraités en RDA qui pouvaient justifier de 45 annuités de cotisations de bénéficier d'une augmentation substantielle de leurs pensions compte tenu de l'indexation des retraites et du taux de remplacement fixé à 70 % du salaire moyen en RDA. À retraite égale, les Allemands de l'Est avaient donc moins cotisé. Des inégalités manifestes furent institutionnalisées et, par conséquent, très mal acceptées en Allemagne de l'Ouest.

9. « *Dabei geht es nicht um den sozialversicherungsrechtlichen "Anschluss" der DDR. Leitbild für ein künftiges gesamtdeutsches Rentenrecht sollte vielmehr angesichts der gewachsenen Strukturen nur eine Kombination von Elementen aus beiden Rentensystemen sein.* », cf. Dressler, Rudolf, « Diskussionspapier: Vereinheitlichung der Rentenversicherung von Bundesrepublik und DDR », 20.2.1990, p. 1 ; « SPD gegen sozialen "Anschluss" - Vorschlag für Rentenversicherung », *dpa 751 zu 740*, SPD-Parteivorstand, Pressearchiv, 21.2.1990.

Transformation ou refondation de l'État-providence dans l'Allemagne unifiée ?

Dans les faits, malgré ces quelques concessions arrachées par les sociaux-démocrates de RDA et de RFA, le gouvernement fédéral chrétien-libéral dirigé par Helmut Kohl chercha à éviter toute forme de précédent. Cela aurait en effet nécessité de légiférer ultérieurement, voire d'engager une profonde réforme de l'État-providence alors même que deux réformes majeures, celles de la santé en 1988 et des retraites en 1989, venaient tout juste d'être adoptées. En raison d'obstacles économiques, politiques ou pratiques, le processus d'unification se résuma donc à une extension quasi automatique du système de protection sociale ouest-allemand. Et ce phénomène ne se limita pas uniquement à la politique sociale. Il concerna par exemple le modèle économique, avec le passage d'une économie planifiée à une économie sociale de marché, mais aussi des questions sociétales, comme la législation sur l'avortement qui ne fut unifiée qu'en 1995. Le maintien de réglementations transitoires sans remise en cause du modèle ouest-allemand fut en fait caractéristique d'un processus d'unification largement orchestré par le gouvernement Kohl.

La transformation, voire la création, d'un système de protection sociale dans l'Allemagne de l'Est nécessita en pratique des financements conséquents qui, dans un premier temps, ne purent être intégralement assurés par les prélèvements sociaux obligatoires. La RDA fut d'autant plus dépendante des subsides fédéraux ouest-allemands qu'elle connut un déficit budgétaire beaucoup plus important que ne le laissaient présager les chiffres officiels. En septembre 1990, il fut évalué à 34,8 milliards de DM. Avec la hausse brutale du chômage due à l'effondrement de l'économie est-allemande et à la privatisation des entreprises, les coûts liés à la protection sociale explosèrent et dépassèrent de loin toutes les prévisions. Le budget fédéral 1990 dut être amendé et les aides ouest-allemandes versées à la RDA revues à la hausse car les prévisions budgétaires s'appuyaient par exemple sur un nombre de chômeurs qui ne correspondait pas du tout à la réalité, 440 000 en théorie contre plus de 2 millions dans les faits. Près de 13,3 milliards de DM durent être débloqués en urgence pour renflouer les caisses de la sécurité sociale en Allemagne de l'Est.

Augmenter les impôts pour financer durablement le système de protection sociale aurait été très impopulaire et surtout aurait nécessité de légiférer. En revanche, augmenter les cotisations sociales en relevant les taux de prélèvements était une pratique courante, rendue possible par le Code de la sécurité sociale si les réserves de trésorerie, prévues pour pallier les risques de fluctuations saisonnières des dépenses sociales et garantir la solvabilité de la sécurité sociale, ne dépassaient pas un mois et demi de dépenses. Or, les caisses de l'assurance vieillesse étaient excédentaires en Allemagne de l'Ouest, les réserves se montant à près de 28,5 milliards de DM en 1989, soit 2,05 mois de dépenses, et devaient même atteindre 30,8 milliards en 1992 selon les projections de l'époque. Ce déséquilibre manifeste entre un système excédentaire, d'une part, et un système déficitaire, d'autre part, créait un appel d'air. Le gouvernement ouest-allemand pouvait de fait être tenté non pas d'utiliser la rallonge budgétaire récemment votée, voire d'augmenter les impôts, mais de procéder à de simples transferts d'un système à l'autre. Dans l'opposition, les sociaux-démocrates ouest-allemands ne manquèrent pas de s'offusquer de ces possibles dérives. Selon eux, ces sommes excédentaires devaient être reversées aux salariés qui avaient cotisé, les Allemands de l'Ouest, et le financement de la protection sociale en RDA devait être supporté par tous, et donc par des hausses d'impôts. Ils préconisèrent alors de diminuer les prélèvements sociaux, ce qui reviendrait à revaloriser les salaires en RFA en abaissant les charges sociales des entreprises, et de passer d'un taux de cotisation retraite de 18,7 % à un taux de 18 % au 1er septembre 1990 avant de revenir au taux initial en 1994. Ces mesures seraient ainsi en accord avec la Loi sur la réforme des retraites de 1989 qui devait entrer en vigueur au 1er janvier 1992 et prévoyait un mécanisme de régulation automatique afin que les réserves de trésorerie soient systématiquement équivalentes à un mois de dépenses. Ils furent rejoints sur ce point par le ministre du Travail et des Affaires sociales, le chrétien-démocrate Norbert Blüm, qui, lui aussi, préconisa un financement par l'impôt du système de protection sociale est-allemand et s'opposa très vivement au ministre des Finances Theo Waigel (CSU) qui n'avait manifestement plus la maîtrise des dépenses sociales.

Enfin, l'aspiration des Allemands à une unification rapide contribua à freiner toute velléité de refonte de l'État-providence. L'idée de construire une nouvelle Allemagne sociale fut d'ailleurs définitivement abandonnée avec la signature, le 31 août 1990, du Traité d'unification entre les deux États qui, en vertu de l'article 23, entérina l'adhésion des Länder de la RDA à la Loi fondamentale à l'horizon du 3 octobre 1990. Cette solution fut privilégiée par les deux gouvernements allemands car elle était la plus rapide à mettre en œuvre, tant d'un point de vue constitutionnel que politique. Le recours à l'article 146 aurait en effet ouvert la voie à une réforme constitutionnelle de grande ampleur qui aurait certes garanti une plus grande légitimité au nouvel État allemand, mais aurait aussi clairement ralenti le processus d'unification. Les sociaux-démocrates ouest-allemands furent parmi les seuls[10] à manifester leur attachement à une refondation constitutionnelle permettant notamment l'inscription de nouveaux droits sociaux dans la constitution. À contrecœur, ils finirent par se rallier à la position majoritaire, non sans exiger à nouveau une extension de l'État-providence afin de prévenir de nouveaux risques sociaux. Ils s'inspirèrent en cela des théories fondatrices du sociologue Ulrich Beck sur la société du risque[11]. Face à un besoin grandissant de sécurité dans une société vieillissante, ils proposèrent par exemple dès la fin des années 1980 l'introduction d'une cinquième branche de la sécurité sociale avec la création de l'assurance dépendance. En septembre 1990, Norbert Blüm reprit à son compte cette idée, de manière inattendue et sans l'accord des libéraux, également membres du gouvernement. Cette mesure figura même dans le traité de coalition que la CDU/CSU et le FDP signèrent en janvier 1991, alors qu'elle ne faisait pas partie du programme de campagne de la CDU et que le FDP s'y opposait fermement. Dans l'esprit de ce que proposaient les sociaux-démocrates, Norbert Blüm parvint à imposer la solution d'une couverture sociale rendue obligatoire pour tous ceux qui étaient affiliés au régime général de l'assurance maladie. Le projet de loi, présenté et adopté en 1993, entra en vigueur le 1er janvier 1995. Dans le contexte singulier de l'unité allemande, la politique volontariste du gouvernement d'Helmut Kohl ne laissa au fond que peu de place à une autre conception de l'État-providence. Tout au plus fut-il ajusté à de nouvelles réalités socio-économiques.

10. Si les sociaux-démocrates est-allemands et les mouvements citoyens en RDA plaidèrent sans relâche pour une refonte constitutionnelle, ils n'obtinrent pas gain de cause auprès du gouvernement de Lothar de Maizière lorsque furent négociées les modalités pratiques de l'unité allemande. Cf. Dubslaff, Étienne, *« Oser plus de social-démocratie » : La recréation et l'établissement du Parti social-démocrate en RDA : Mit einer deutschen Zusammenfassung*, Berlin : Peter Lang, 2019.

11. Beck, Ulrich, *Risikogesellschaft. Auf dem Weg in eine andere Moderne*, Frankfurt am Main : Suhrkamp, 1986.

Conclusion

La protection sociale, traditionnellement synonyme d'émancipation, devint au cours des années 1980 et 1990 un facteur aggravant de crises. En effet, si les processus de transformation qui précédèrent l'unification de la RFA et de la RDA furent avant tout liés aux répercussions sociales de la transition démographique, de la libéralisation du marché du travail ou même de la mondialisation, les mutations sociales ultérieures furent la conséquence directe du déploiement systématique du modèle social ouest-allemand en ex-RDA et pesèrent très lourdement sur les finances de l'État fédéral. Entre 1991 et 1995, plus de 615 milliards de DM furent transférés en Allemagne de l'Est. De 106 milliards de DM en 1991, ces aides financières passèrent à 140 milliards de DM en 1995. Et près de 140 milliards de DM furent affectés au seul financement de l'assurance vieillesse et de l'assurance chômage dans les « nouveaux Länder » entre 1991 et 1995. À l'origine temporaires, ces transferts se systématisèrent au cours des années 1990, renforçant encore un peu plus la dépendance économique de l'Est vis-à-vis de l'Ouest.

Le coût de l'unité allemande fut largement sous-estimé, notamment pour des raisons politiques. Le taux de charge sociale, calculé à partir des sommes totales versées pour les prestations sociales rapportées au PIB, passa de 27,8 % en 1991 à 31,4 % en 1996. À titre de comparaison, il n'était en 1990, avant l'unification, que de 24,1 % en RFA. Ces moyennes masquèrent de fortes disparités Est-Ouest. En ex-RDA, ce taux atteignit un record en 1992, avec 54,3 %, avant de se stabiliser autour des 45,6 % en 1996, contre 26,9 % en 1992 puis 29,3 % en 1996 en Allemagne de l'Ouest. Ces écarts, du simple au double en 1992, montrent à quel point l'intégration des « nouveaux Länder » fut brutale et complexe. Malgré une volonté de conserver la maîtrise des dépenses publiques et de maintenir une forme de paix sociale à l'Est comme à l'Ouest, le gouvernement fédéral d'Helmut Kohl fut confronté à une augmentation sans précédent de la dette publique qui aggrava d'autant plus la crise de l'État-providence. Seules une augmentation des cotisations sociales puis l'adoption d'une loi de finance introduisant des mesures d'austérité en juin 1993 permirent d'assurer la pérennité du modèle social allemand[12] dans la première moitié des années 1990.

12. Dans les travaux qu'elle a consacrés à la politique sociale allemande, Brigitte Lestrade retrace une ample rétrospective historique, fournit des comparaisons ponctuelles avec le reste de l'Europe et détaille les tournants dans les acquis du « modèle » social allemand. Concernant l'évolution depuis l'unification, elle situe l'amorce d'un changement important à la fin des années 2000. Cf. Lestrade, Brigitte, « Le modèle social allemand en sursis ? », *Revue internationale et stratégique*, vol. 74, n° 2, 2009, p. 156-171.

Birte Gnaegy*

Le rapport au travail depuis la réunification de l'Allemagne dans le roman *Unterleuten* de Juli Zeh

La littérature engagée a pour but d'apporter un regard critique sur la réalité sociale de l'époque et connaît un regain d'intérêt dans la littérature allemande depuis les années 1990[1]. Même si Juli Zeh nie toute volonté de mettre en récit un avis politique[2], son roman *Unterleuten*[3] (2016) peut être qualifié d'engagé. En effet, si en optant pour la fiction cette autrice a signifié son intention de ne pas adopter un point de vue moral, son roman se prête néanmoins à être interprété sous cet angle[4].

Née en 1974 à Bonn, J. Zeh a fait des études de droit à Passau (Bavière) et à Leipzig (Saxe) avant de s'installer dans un village du Brandebourg avec sa famille. Ses romans rencontrent un vif succès, non seulement en Allemagne, mais aussi à l'international ; ils sont traduits dans une trentaine de langues, tels le premier, intitulé *Adler und Engel*[5] (2001), ou le célèbre *Spieltrieb*[6] (2004). Le roman *Unterleuten* répond aussi aux intérêts et aux attentes des lecteurs parce que sa manière de traiter la question sociale est représentative des préoccupations en Allemagne aujourd'hui.

Juli Zeh expose dans *Unterleuten* quels sont les enjeux d'un village fictif du Brandebourg qui est confronté à la crise climatique du XXIe siècle, notamment en raison d'un projet de parc éolien qui doit être installé dans les environs. Marqués par les événements historiques de la chute du Mur et de la réunification de l'Allemagne vingt ans auparavant, les anciens conflits entre villageois réapparaissent, mais ils se modifient aussi parce qu'il y a de nouveaux arrivants qui prennent part au débat. Fictif, Unterleuten se situe dans l'ancien territoire frontalier entre la RDA et la RFA et ce cadre se prête à mettre en scène les oppositions entre communisme et capitalisme, entre vieux et jeunes, entre modernité et tradition, entre repli sur soi et défense d'un

* Doctorante en études germaniques dans le cadre d'une cotutelle entre Université Paris-Est et Rheinische Friedrich-Wilhelms-Universität Bonn, et membre de l'unité de Recherche IMAGER (UR 3958), Université Paris-Est Créteil. Sa thèse porte sur la réalité sociale dans le roman allemand contemporain.

1. Cf. Karpenstein-Eßbach, 2013, p. 390 et 401.
2. Cf. Zeh, 2015, p. 135.
3. Zeh, *Unterleuten*, 2017a a paru en 2017 dans la traduction de Rose Labourie sous le titre de Zeh, *Brandebourg*, 2017 b.
4. Cf. Waldow et Zeh, 2011, p. 58.
5. Dans la traduction de Jörg Cambreleng sous le titre *L'aigle et l'ange*.
6. Dans la traduction de Brigitte Hébert et Jean-Claude Colbus sous le titre *La fille sans qualités*.

intérêt général[7]. La juxtaposition des différentes mentalités depuis la réunification se reflète dans les rapports au travail, ce qui rend le roman particulièrement intéressant pour une analyse de cette thématique.

Les enjeux sociaux sont divers : conflits entre voisins, voisinage des gagnants et des perdants de la chute du Mur, confrontation entre grands propriétaires terriens et nouveaux capitalistes[8]. En outre, le changement de système social, qui a découlé de l'unification, dans le territoire de l'ancienne RDA, a provoqué un changement dans les mentalités de ces villageois. C'est en particulier le cas en ce qui concerne leur rapport au travail. À défaut de définir la notion de « travail », J. Zeh semble partir du principe que le lecteur est déjà familiarisé avec les présupposés théoriques opposés des deux blocs : un héritage marxiste en vertu duquel le travail ne devrait plus être la marque sociale de l'aliénation et un héritage néolibéral.

Elle pose en préalable le fait que, depuis les « années 1980, le néolibéralisme s'impose comme l'orientation économique dominante. [...] [C]e courant s'est nourri d'un environnement socio-technologique qui n'a cessé de se complexifier et de promettre une rentabilité optimale[9] ». Amené à constater les diverses positions dans le monde du travail, le lecteur se voit incité à s'interroger sur les différents modèles, notamment sur le fonctionnement du capitalisme et du néolibéralisme qui se sont généralisés depuis la réunification de l'Allemagne[10]. C'est la raison pour laquelle le roman aborde la question de l'économie de marché qui est devenue un « modèle universel de référence[11] » depuis la chute du mur de Berlin.

Dans la mesure où cet univers fictionnel ressemble au monde extralittéraire non seulement en raison des allusions aux faits historiques du début du XXIe siècle, mais aussi dans la mesure où ces personnages fictifs affrontent les problèmes contemporains, ce roman interroge « les conditions sociales qui [...] ont rendu possible [les événements] et, surtout, [leurs] répercussions dans le corps social[12] ». Nous avons bien à faire à un roman social (*Gesellschaftsroman*) tel que l'autrice le caractérise :

> Un roman qui, au-delà de l'intrigue, apporte un regard sur l'époque dans laquelle le récit prend place et qui ne peut se dérouler que dans la décennie dans laquelle il se joue. Les personnages qui y apparaissent sont fortement influencés par la société dans laquelle ils vivent[13].

La société que le roman met en scène se compose autant d'anciens habitants originaires du village que de citadins cherchant à se réfugier à la campagne pour compenser le développement des villes. Le passé ne s'efface pas : il a laissé des traces non seulement au niveau interpersonnel des villageois, mais aussi au niveau structurel pour ce qui concerne la transformation des anciennes entreprises d'État. La plupart des villageois appartiennent à la classe ouvrière et dépendent notamment de

7. Cf. Jurzysta, 2017, p. 387.
8. Cf. *ibid.*, p. 390.
9. Nous reprenons ici les propos de S. Florey qui a mené une recherche approfondie sur l'engagement littéraire à l'ère néolibérale et qui tient un raisonnement similaire à propos de l'auteur français François Bon. Le recours à des penseurs francophones nous permet d'élargir le champ de recherche. Florey, 2013, p. 94.
10. Cf. Florey, 2013, p. 87.
11. Fitoussi et Guillebaud, 2005, p. 83.
12. Viart, 2007, p. 26.
13. « Ein Roman, der versucht, über die Handlung hinaus etwas über das Zeitalter, in dem er stattfindet, zu sagen, und der nur genau in dem Jahrzehnt, in dem er angesiedelt ist, stattfinden kann. Die Figuren, die darin auftauchen, sind stark beeinflusst von der Gesellschaft, in der sie leben. », Scholl, 2016.

l'Ökologica GmbH, une exploitation agricole qui constitue l'employeur le plus important de la région. Les personnages originaires de l'Ouest, ainsi que le PDG de l'Ökologica, appartiennent, quant à eux, aux catégories sociales aisées. Les différences de classes sociales sont autant mises en évidence que les divergences par rapport au travail qui en résultent.

Nous allons examiner dans quelle mesure une des stratégies narratives de J. Zeh a consisté à opposer, croiser et relier les différents rapports au travail avec les répercussions qui en résultent et qui marquent les relations sociales dans ce village Unterleuten depuis la réunification.

L'opposition de différents points de vue se traduit par la multi-perspective d'une narratrice hétérodiégétique qui donne la voix à douze personnages focaux tout au long du roman. La focalisation interne et externe permet de prendre en compte les mentalités et les attitudes de chacun de ces personnages. Le lecteur est ainsi confronté à plusieurs perspectives qui font apparaître non seulement les propres besoins de chacun, mais aussi les attitudes des autres, ce qui rend les personnages à la fois antipathiques et pitoyables[14]. La mise en abyme qui se produit au dernier chapitre par la prise de parole d'une journaliste ayant mené des entretiens avec les villageois pour en faire un article de presse, souligne cette multi-perspective, rapproche le lecteur de chacun des personnages et fait appréhender la totalité des enjeux. Néanmoins, le lecteur reste dans l'incertitude tout comme les villageois. Ceci lui permet de tirer ses propres conclusions et de se construire sa propre image du village[15]. Pour J. Zeh, la polyphonie et l'ambiguïté constituent des éléments clés de la littérature qui laissent le lecteur trouver son propre chemin. Elle distingue ainsi un récit littéraire d'un texte politique qui serait, selon elle, marqué par un simple symbolisme et des effets prévisibles dans la mesure où le message des textes politiques ne devrait pas être équivoque[16].

Dans un premier temps, nous analyserons comment la narratrice confronte les mentalités des personnages et leur attitude envers le travail, pour ensuite étudier les conditions de vie qui sont imposées aux salariés. Nous évoquerons dans un troisième temps les manifestations du pouvoir et la manière dont le rapport de force peut basculer.

La confrontation de mentalités opposées

En réponse à une question au cours d'une interview, J. Zeh indique que la société allemande ne s'est pas contentée de prendre congé du communisme en tant que mode d'organisation de la société, mais a corollairement renoncé à concevoir toute alternative au système tel qu'il est[17]. Ce désenchantement se retrouve dans les propos du personnage de Kron qui a passé sa vie dans le village, a été employé de l'Ökologica et se retrouve désormais à la retraite. La narratrice se sert de lui afin de présenter le tissu social du village, car sa bonne mémoire et son caractère de chroniqueur, symbolisé par son nom, lui permettent de se souvenir de tous les liens et de toutes les injustices dont les villageois d'Unterleuten ont été les victimes[18]. De plus, il reste un adepte du communisme et il porte un regard très critique sur le changement de système.

14. Cf. Magenau, 2016.
15. Cf. Richter, 2019, p. 148.
16. Cf. Zeh, 2011, p. 76.
17. « Wir haben nicht nur den Kommunismus als Gesellschaftsform verabschiedet, sondern mit ihm auch sämtliche Ideen von Alternative zum Bestehenden. », Gersmann et Unfried, 2016.
18. Cf. *Unterleuten*, p. 104-106.

La position de Kron correspond au constat que le néolibéralisme est le marqueur d'une « omniprésence de l'économie[19] » qui a créé « une nouvelle réalité sociale, un nouvel ordre des choses[20] » dont le « moteur est la concurrence généralisée, avec ses corollaires que sont la compétition et la rivalité[21] ». Il tient ce discours lors de la tenue d'une réunion publique, le « conseil communautaire[22] » (*Dorfversammlung*) pendant lequel les villageois apprennent le projet de construction d'un parc éolien dans les environs d'Unterleuten. Recourant aux ressources du récit hétérodiégétique, la narratrice présente le tissu social du village à travers la perspective du personnage focal Kron. Ce dernier se voit dans l'obligation de répondre à sa fille qui lui reproche de ne pas savoir ce que veut dire le concept de « liberté », ce concept qui est devenu représentatif de l'ère capitaliste[23] :

> Kron savait parfaitement ce qu'était la liberté. C'était un mot d'ordre. La liberté, c'était le nom d'un système où l'homme se posait en manager de sa propre vie et voyait l'existence comme un stage commando dédié à sa réussite personnelle. Avec le capitalisme, la solidarité avait cédé à l'égoïsme et l'obstination à la capacité d'adaptation[24].

S'appuyant sur les souvenirs du personnage de Kron, la narratrice hétérodiégétique se sert d'une analepse pour mettre en contexte une réflexion plus rare à propos de la question du concept de « liberté ». En introduisant la métaphore de la liberté comme combat, la narratrice affine l'argumentation : en effet, le recours à une ellipse (« Ein Kampfbegriff. ») pour définir la « liberté » confère plus de force à la position de Kron. La perspective d'un ancien communiste, qui juge le changement de système et l'arrivée du capitalisme, ressort de surcroît de sa désignation de l'homme comme « manager de sa propre vie » et de la vie « comme un stage commando dédié à la réussite personnelle[25] ». Dans ce contexte, on comprend que la référence au management est à relier au néolibéralisme dont le but est de toujours améliorer le produit, ce qui se traduit par l'optimisation de l'homme en tant que produit. Comprendre la vie comme un stage commando renforce cette idée ; un tel entraînement permanent place l'homme dans un climat de compétition et de rivalité.

Comme il avait été préalablement fait référence à la crise financière, le récit est indéniablement daté et situé dans l'époque contemporaine, de sorte que le lecteur peut établir un lien direct entre l'actualité extralittéraire et l'attitude critique de ce personnage.

Par ailleurs, Kron compare le nouveau système aux pratiques de surveillance en RDA :

> L'idéologie néolibérale, camouflée en mélange de pragmatisme et de performance, envahissait les derniers recoins de la vie en société. À l'époque de la Stasi, on observait, écoutait, menaçait et virait moins qu'aujourd'hui, et pourtant, le

19. Florey, 2013, p. 88.
20. Laval, 2007, p. 12.
21. Florey, 2013, p. 94.
22. *Brandebourg*, p. 91.
23. Cf. Laval, 2007, p. 10.
24. *Brandebourg*, p. 94, « Kron wusste durchaus, was Freiheit war. Ein Kampfbegriff. Freiheit war der Name eines Systems, in dem sich der Mensch als Manager der eigenen Biographie gerierte und das Leben als Trainingscamp für den persönlichen Erfolg begriff. Der Kapitalismus hatte Gemeinsinn in Egoismus und Eigensinn in Anpassungsfähigkeit verwandelt. », *Unterleuten*, p. 107.
25. *Brandebourg*, p. 94.

> nouveau système se faisait appeler démocratie. Petit à petit, la cohésion sociale s'était érodée[26].

Cette attaque explicite de « l'idéologie néolibérale » et des changements qu'elle a apportés ouvre une piste de réflexion au lecteur. L'image d'un camouflage qui serait nécessaire à cette idéologie pour cacher ses vrais enjeux derrière des qualités telles que le pragmatisme et la performance. Le verbe « envahir », tiré du champ lexical de la bataille, souligne la radicalité avec laquelle le néolibéralisme gagne du terrain. Kron insiste sur ce point au moyen du climax « observait, écoutait, menaçait et virait » et de la comparaison entre les pratiques de surveillance de masse en RDA[27] et les habitudes néolibérales. Sans pour autant cautionner la Stasi[28], cette comparaison entend interroger le système démocratique de la RFA. Le lecteur est donc invité à réfléchir à sa propre position. Et ce d'autant plus que ces propos trouvent un écho dans le pamphlet *Angriff auf die Freiheit*[29] où J. Zeh et I. Trojanow entreprennent de rappeler aux citoyens la nécessité de veiller à ce que leurs droits fondamentaux soient respectés et où ils critiquent toute intrusion dans la vie privée.

Un des adversaires de Kron est incarné par le chef d'entreprise et investisseur Konrad Meiler. Tandis que Kron a du mal à s'impliquer dans le nouveau système capitaliste, K. Meiler, en est le représentant et en profite pleinement. Non seulement il dirige un florissant cabinet de conseil de management et vit dans une villa entourée d'un terrain de 2 000 m² à Ingolstadt en Bavière[30], mais ce personnage est également attiré depuis peu par la vente aux enchères des terrains qui avaient été des propriétés de l'État du temps de la RDA. La RFA souhaite maintenant s'en séparer en prévention d'une possible crise immobilière qui suivrait la crise immobilière américaine[31]. Meiler assiste à la vente aux enchères, d'abord parce qu'il était intrigué par le fait que des terrains puissent être vendus aussi bon marché et ensuite parce que les bas prix demandés finissent par l'intéresser :

> À la vente où Wanka et Meiler s'étaient rendus, l'organisme successeur de l'agence fiduciaire de la Treuhand proposait deux cent cinquante hectares aux enchères. Comme la mise à prix était dérisoire, Konrad Meiler fit une offre et, une fois lancé, il fut incapable de s'arrêter. Lorsque la barrière des deux millions d'euros fut franchie, seul un autre enchérisseur lui donnait encore la réplique[32].

La narratrice hétérodiégétique fait à nouveau appel à l'analepse afin de présenter le souvenir qu'en garde le nouveau propriétaire de ce terrain de 250 ha dans le Brandebourg. Cet épisode est raconté à travers la perspective de Meiler, qui ridiculise

26. *Brandebourg*, p. 95, « Die neoliberale Ideologie, getarnt als Mischung aus Pragmatismus und Leistungsgerechtigkeit, eroberte die letzten Winkel des gesellschaftlichen Lebens. Zu Zeiten der Stasi wurde weniger beobachtet, abgehört, gedroht und gefeuert als heute, und trotzdem nannte sich das neue System Demokratie. Stück für Stück war der soziale Zusammenhalt erodiert. », *Unterleuten*, p. 107 *sq*.
27. Cf. Möller, 2022, p. 395.
28. La narratrice problématise aussi les conditions de travail instaurées par l'économie planifiée telle qu'elle a été mise en place en RDA. Cf. *Unterleuten*, p. 94 *sq*.
29. Cf. Zeh et Trojanow, 2009 et Zeh et Trojanow, 2010.
30. Cf. *Unterleuten*, p. 53.
31. Cf. *Unterleuten*, p. 52.
32. *Brandebourg*, p. 51, « Bei der Auktion, die Wanka und Meiler besuchten, brachte die Nachfolgeorganisation der Treuhand 250 Hektar unter den Hammer. Weil der Ausgangspreis geradezu lächerlich war, bot Konrad Meiler mit, und als er einmal damit angefangen hatte, konnte er nicht mehr aufhören. Als die Grenze von zwei Millionen Euro überschritten war, hielt nur noch ein weiterer Bieter dagegen. », *Unterleuten*, p. 52 *sq*.

le prix initial et le passe sous silence, ce qui illustre la mentalité du personnage tout en explicitant son rapport à l'argent : le montant de 2,5 millions d'euros[33] lui semble tout à fait acceptable pour un terrain de 250 ha et il paie sans hésitation. La curiosité qui l'a poussé à participer à ces enchères – comme s'il s'agissait d'un jeu – met en exergue son attitude d'investisseur qui peut se permettre d'acquérir un terrain par pur plaisir et sans la contrainte de réaliser un profit à court terme. Au contraire, il est en mesure d'attendre que les terrains deviennent rentables sans aucune intervention de sa part[34].

Ce goût du profit fait l'objet d'autres analyses, par exemple l'avis du personnage de K. Meiler, qui augmente les fermages à l'expiration des baux[35], est confronté à celui du personnage de Rudolf Gombrowski, PDG de l'Ökologica. À travers la perspective de ce dernier, le lecteur apprend quelle est la contrepartie de ce positionnement capitaliste : les terres n'apportent pas de riches récoltes à cause du « sol pauvre » et elles sont exploitées « pour une marge bénéficiaire minime[36] ». L'augmentation des fermages met alors en danger la rentabilité de l'exploitation agricole. Meiler, quant à lui, ne s'intéresse pas aux finances de l'exploitation, il se préoccupe uniquement de son propre profit. « Meiler aimait les machines bien huilées, et celle-ci tournait si rond que rien que d'y penser le faisait sourire.[37] » La comparaison entre des machines bien huilées et la manière dont Meiler tire profit du fait d'être un propriétaire foncier fait comprendre en quoi résident les objectifs d'un tel investisseur capitaliste. Les terrains fonctionnent de la même manière que les machines industrielles car le propriétaire peut profiter pleinement d'une rentabilité automatisée. L'automatisation de la production en chaîne à l'ère industrielle optimise la production et donc le profit des propriétaires. Par conséquent le mode de vie de Meiler ne correspond pas à celui de la majorité des villageois qui appartiennent à la classe ouvrière et doivent travailler pour gagner de l'argent.

Les conditions de vie

En décrivant la communauté du village lors du conseil communautaire à travers la perspective de Kron, la narratrice ne présente pas seulement les réflexions de ce personnage au sujet du néolibéralisme, mais elle met aussi en avant les conditions de vie des villageois qui sont, pour la plupart d'entre eux, employés à l'Ökologica[38]. Dénonçant l'idéologie néolibérale, Kron critique dans un premier temps la capacité d'adaptation de manière générale, puis donne ensuite l'exemple concret des villageois :

> Kron ne comprendrait jamais comment les gens pouvaient travailler d'arrache-pied sans gagner le minimum vital et rester quand même convaincus qu'ils vivaient dans le meilleur des mondes. La satisfaction apparente de la plupart des habitants d'Unterleuten le laissait sans voix. On aurait dit les vaches de Gombrowski, qui n'étaient désormais plus traites ni abattues, mais gérées[39].

33. Cf. *Unterleuten*, p. 53.
34. Cf. *Unterleuten*, p. 57 *sq.*
35. Cf. *Unterleuten*, p. 58.
36. *Brandebourg*, p. 209.
37. *Brandebourg*, p. 55, « Meiler mochte gut geölte Maschinen, und diese hier lief dermaßen rund, dass er lächeln musste, wenn er nur daran dachte. », *Unterleuten*, p. 58.
38. Cf. Venzl, 2020, p. 724.
39. *Brandebourg*, p. 95, « Niemals würde Kron verstehen, wie die Leute in der Lage waren, mit harter Arbeit kaum das Existenzminimum zu erreichen und dennoch zu glauben, dass sie in der besten aller Welten lebten.

En opposant la dureté des conditions de travail au bas salaire qui garantit à peine le minimum vital, la narratrice illustre et dénonce – toujours à travers la perspective de Kron – l'exploitation des salariés qui, malgré la pénibilité de leur travail, sont mal payés. Ceci est un exemple de la « société de la performance[40] » que le personnage dénonce, car, malgré le peu de récompenses, les employés font beaucoup d'efforts et ce, sans aucun regard critique envers ces conditions médiocres auxquelles ils sont exposés. Les entreprises, organisées pour la rentabilité à tout prix, accordent le minimum aux employés afin de réaliser le maximum de bénéfices[41].

Le fait que les villageois aient paradoxalement l'impression de vivre dans le meilleur des mondes est une manière de critiquer non seulement les employeurs, mais aussi les salariés qui se contentent des conditions de travail et s'adaptent sans les remettre en question. Au contraire, ils sont même persuadés que la vie ne pourrait pas être meilleure. La capacité de performance et d'adaptation renvoient au système capitaliste que Kron problématise à plusieurs reprises dans le roman. La métaphore comparant les villageois aux vaches de l'Ökologica symbolise la critique de leur passivité bovine et de leur soumission[42]. Sans oublier le fait que la flexibilité et l'adaptabilité des employés peuvent certes être positives en soi, mais renforcent néanmoins notoirement « la précarisation de l'emploi[43] ».

Au-delà de la précarisation qui touche une partie des villageois, la société du rendement et de la performance prend d'autres formes lorsque des personnages s'inquiètent plus des attentes de l'entreprise que de leur propre santé.

> Les jeunes gens d'aujourd'hui possédaient d'étonnants talents. Notamment une efficacité hors pair associée à une totale absence d'humour. [...] Ce qui motivait cette génération, c'était la volonté inconditionnelle de bien faire. Ne pas commettre de faute pour être à l'abri de tout reproche. Le système capitaliste plantait un noyau d'angoisse dans l'âme de ses enfants qui se blindaient, au cours de leur vie, avec des couches de productivité sans cesse renouvelées. Le résultat, c'étaient des zombies du travail qui n'avaient pas peur de se faire lyncher par un village entier. Que représentaient quelques côtes brisées face au cauchemar de ne pas être à la hauteur des attentes de son entreprise[44] ?

Après la tenue du conseil communautaire présentant le projet du parc éolien, la narratrice hétérodiégétique met en place une nouvelle analepse en adoptant la perspective du maire du village, Arne Seidel : ce dernier fait rétrospectivement la synthèse des discussions qui ont eu lieu au sein du conseil. Le personnage de Pilz, employé par l'entreprise « Vento direct » qui prévoit l'installation du parc éolien, représente, du point de vue d'A. Seidel, non seulement l'entreprise, mais aussi le nouveau

---

Dass die meisten Unterleutner so zufrieden wirkten, hinterließ ihn fassungslos. Sie waren wie Gombrowskis Kühe, die auch nicht mehr gemolken und geschlachtet, sondern verwaltet wurden. », *Unterleuten*, p. 108.

40. *Unterleuten*, p. 99.
41. Cf. Boltanski et Chiapello, 2011, p. 94.
42. Cf. *ibid.*, p. 41 et 82.
43. Florey, 2013, p. 113.
44. *Brandebourg*, p. 130 *sq.*, « Die jungen Leute von heute besaßen erstaunliche Talente. Zum Beispiel ungeheure Effizienz bei vollständiger Abwesenheit von Humor. [...] Was diese Generation antrieb, war der unbedingte Wunsch, alles richtig zu machen. Keine Fehler zu begehen und dadurch unangreifbar zu werden. Das kapitalistische System pflanzte einen Angstkern in die Seelen seiner Kinder, die sich im Lauf ihres Lebens mit immer neuen Schichten aus Leistungsbereitschaft panzerten. Heraus kamen Arbeitszombies, die keine Angst davor hatten, von einem Dorfmob aufgemischt zu werden. Was waren ein paar gebrochene Rippen gegen den Horror, die Erwartungen der Firma nicht zu erfüllen? », *Unterleuten*, p. 151 *sq*.

système capitaliste ainsi que la nouvelle génération appartenant à la société de la performance. La description présente des éléments contradictoires car, d'une part, elle met en évidence un étonnement face aux jeunes, voire une certaine admiration pour les talents et l'efficacité de cette nouvelle génération. D'autre part, Seidel décrit une ambiance de peur d'échouer qui rend les employés performants. Même si les termes employés au début du passage sont plutôt positifs, le ton change rapidement en mettant en exergue les répercussions négatives du nouveau système de travail.

L'opposition entre « efficacité hors pair » et la « totale absence d'humour » caractérise l'attitude des jeunes employés qui ne semblent plus être capables de prendre du recul sur leur situation, bien qu'ils aspirent à être reconnus pour le résultat de leur travail. La personnification du système capitaliste plantant « un noyau d'angoisse dans l'âme de ses enfants[45] » caractérise, selon le personnage focal, la société de la performance, ce qui rejoint les arguments de Kron. En créant un lien entre les jeunes et les anciens, la narratrice présente la nouvelle génération comme un des produits du système : les salariés deviennent en quelque sorte des robots, téléguidés par l'idéologie et maintenus en vie par leur angoisse.

L'image « des couches de productivité » véhicule la contradiction entre le besoin de protection et l'attitude performante face au travail qui demande aux employés de s'engager davantage pour pouvoir se protéger. Le choix du verbe « se blinder », tiré du champ lexical de la bataille, s'inscrit dans cette même ligne contradictoire qui consiste à rendre les jeunes de plus en plus forts tout en maintenant cette peur de l'échec qui constitue à la fois un moyen de pression et une source de motivation. Le résultat de ce mode de travail produit des « zombies du travail » dont le terme s'inscrit dans le même champ lexical que « cauchemar » : au lieu de participer au meilleur des mondes tel que venté par l'idéologie capitaliste et dénoncé par Kron, les employés du système néolibéral se retrouvent face à des conditions de travail dévastatrices qui équivalent à un film d'horreur ; et ce sans qu'ils s'en rendent compte. La narratrice insiste sur cette attitude, en posant une question rhétorique sur ces jeunes préférant renoncer à leur bonne santé plutôt que de décevoir les attentes de l'entreprise. Sans pour autant confondre la voix de l'autrice avec celle de la narratrice, nous reconnaissons ici la position de J. Zeh puisque, dans l'interview citée plus haut, elle attribue l'individualisme croissant des citoyens à la quête de méritocratie, telle qu'elle apparaît dans notre roman[46]. La figure romanesque qui illustre le mieux cette idéologie est celle de Linda Franzen qui se spécialise dans l'optimisation non seulement de sa propre personne, mais aussi de celle des autres[47], si bien que Linda adopte à son tour une posture de pouvoir dans le cadre professionnel et personnel.

Le rapport au pouvoir

La question du pouvoir et celle du rapport de force jouent un grand rôle dans le roman *Unterleuten*, les villageois sont confrontés à leurs chefs ou à d'autres personnages incarnant le pouvoir. Par exemple, en exploitant le conflit autour du bon choix de l'emplacement pour le parc éolien, Linda Franzen gagne de plus en plus de puissance et en fait usage pour son propre avantage[48].

45. *Brandebourg*, p. 130.
46. Cf. Gersmann et Unfried, 2016.
47. Cf. *Unterleuten*, p. 196 *sq.*
48. Cf. Venzl, 2020, p. 724.

En suivant les conseils du manuel néolibéral *Dein Erfolg* de Manfred Gortz[49], ce personnage incarne la société de performance telle qu'elle est critiquée par Kron et A. Seidel. Étant donné que ce manuel a été conçu par l'autrice elle-même[50] et renferme une satire du néolibéralisme[51], ce passage du roman doit être lu comme une critique de cette idéologie[52]. La narratrice présente le personnage de L. Franzen comme un représentant de l'idéologie individualiste qui combine la théorie de M. Gortz avec son projet professionnel : en équitation, il est nécessaire d'adopter un rôle dominant afin de dompter les chevaux. Franzen établit un parallèle entre l'éducation des chevaux et la relation entre un cadre et ses salariés. Le but est d'apprendre aux hommes comment adopter une position de pouvoir :

> « J'apprends aux gens à être chef, répondit-elle. Quand on veut imposer sa volonté aux autres, on ne doit pas avoir peur.
> — Me voilà tout ouïe. »
> Franzen lui exposa sa méthode : le mot « pouvoir » pouvait se traduire par la question « qui fait bouger qui ? ». C'était l'homme qui devait faire bouger le cheval, jamais l'inverse. Le cheval devait reculer devant l'homme dans toutes les situations. [...] Avec un peu d'entraînement, on arrivait à une chorégraphie millimétrée, et celui qui menait la danse avait l'étoffe d'un leader. Pas seulement dans le monde des chevaux[53].

Ici, c'est par le biais des souvenirs de K. Meiler qu'est rapportée la conversation avec L. Franzen. C'est cette dernière qui s'impose face à l'entrepreneur, si expérimenté fût-il, alors qu'au début, Meiler n'était pas intéressé par le projet de la jeune auto-entrepreneuse. Impressionné par la promesse d'apprendre comment ne plus avoir peur, K. Meiler est malgré lui attiré de plus en plus par la méthode de la jeune femme. Celle-ci résume les compétences d'un leader à sa capacité à « imposer sa volonté aux autres[54] ». En transposant la relation homme-cheval aux relations humaines dans le cadre du travail, ce personnage affirme que tout homme ayant la volonté de devenir un chef a et aura la capacité d'y parvenir. La jeune auto-entrepreneuse traduit la notion du pouvoir par la question du mouvement « qui fait bouger qui ?[55] », ce qui en fait un processus dynamique tout en étant guidé. La comparaison avec le cheval met en exergue le fait que ce sont moins les caractéristiques physiques qui auraient de l'importance dans le rapport de domination que l'esprit et la volonté, autrement dit la force de caractère. En soulignant que le pouvoir nécessite un entraînement, Franzen affirme que les positions dominantes sont accessibles à toutes les personnes volontaires qui seraient prêtes à s'entraîner. En se référant à la danse, ce personnage rappelle qu'il faut suivre des règles définies. Le projet de cette jeune auto-entrepreneuse, destiné aux

49. Cf. Gortz, 2015.
50. Cf. Lehmkuhl, 2016.
51. Cf. Venzl, 2020, p. 713.
52. Cf. Zeh, 2014, p. 205-210 et Richter, 2019, p. 149.
53. *Brandebourg*, p. 57, « "Ich bringe den Leuten bei, Chef zu sein", sagte Franzen. "Wer anderen seinen Willen aufzwingen kann, hat keine Angst." / "Jetzt bin ich aber gespannt." / Franzen erklärte ihre Methode: Eine Übersetzung für "Macht" sei die Frage "Wer bewegt wen". Der Mensch müsse das Pferd bewegen, niemals umgekehrt. Das Pferd habe dem Menschen in jeder Situation zu weichen. [...] Daraus ergebe sich mit etwas Übung ein fein abgestimmter Tanz, und wer den beherrsche, sei eine Führungspersönlichkeit. Nicht nur in der Pferdewelt. », *Unterleuten*, p. 60.
54. *Brandebourg*, p. 57.
55. *Brandebourg*, p. 57

futurs managers, s'inscrit parfaitement dans l'idée d'un stage commando néolibéral tel qu'il avait été condamné par Kron.

Par la suite, la narratrice fait le lien entre le stage avec des chevaux et les compétences d'un dirigeant dans le monde du travail :

> « Les chevaux sont comme les hommes. Au fond, la grande majorité n'a aucune envie de devenir chef. Ils renoncent volontiers à une promotion pour continuer à paître en toute tranquillité. En parfaits herbivores. Tout ce qu'ils veulent, ce sont des instructions claires et un environnement sûr.[56] »

La métaphore des herbivores fait référence à un passage précédent où la jeune femme déclarait : « "Les chasseurs focalisent, [...] les proies ont une vision panoramique."[57] ». La différence entre les carnivores et les herbivores est employée, voire concrétisée, par la narratrice qui l'applique au monde du travail et fait ressortir le fait que les dirigeants doivent adopter un comportement de chasseur tandis que les salariés subalternes se comportent comme des victimes. Le champ lexical militaire sert de nouveau à véhiculer cette idée. En comparant les salariés à des chevaux, Franzen s'indigne contre leur manque d'intérêt à occuper un rôle de leader, et elle fait un procès d'intention aux salariés qui, pour la plupart, selon elle, renonceraient volontairement aux promotions pour effectuer les tâches habituelles sans briguer de plus hautes responsabilités. Son jugement s'inscrit dans la critique de l'idéologie néolibérale, ici accusée de justifier l'oppression des salariés et de s'opposer « à la liberté, à l'autonomie et à la créativité des êtres humains soumis [...] d'une part à la domination du marché [...], d'autre part aux formes de subordination de la condition salariale[58] ». Ce dernier point peut se traduire, entre autres, par la « discipline d'entreprise » et par la « surveillance rapprochées des chefs[59] ». En supposant que les salariés n'attendent que des ordres de la part des cadres, la narratrice utilise divers procédés formels qui peuvent inciter à s'inscrire dans la ligne argumentative de Franzen. On peut certes retourner le raisonnement et rechercher grâce à la surveillance et la discipline l'instauration « d'un environnement sûr[60] » tel que les herbivores le préfèrent ; mais ce ne serait pas fréquent dans le système capitaliste, car ce dernier est avant tout responsable « des inégalités sociales et des comportements opportunistes et égoïstes[61] ». Les conditions de travail et de vie dépendent donc de l'attitude du chef et des dispositions qu'il met en place.

Même si L. Franzen est initialement capable d'attirer l'attention de l'entrepreneur expérimenté, c'est tout de même ce dernier qui maintient la position de pouvoir face à la jeune femme, car de sa bienveillance dépend l'achat d'un terrain dont il est propriétaire et dont elle a besoin pour que son projet professionnel puisse voir le jour. La position de pouvoir s'inverse à partir du moment où le parc éolien passe à l'ordre du jour, étant donné que c'est désormais K. Meiler qui a besoin d'un terrain qui appartient à L. Franzen, faute de quoi il ne possèderait pas encore la surface minimale

56. *Brandebourg*, p. 57, « "Mit Pferden ist es wie bei Menschen. Die allermeisten haben in Wahrheit kein Interesse daran, Chef zu werden. Sie verzichten gern auf eine Beförderung, um sich in Ruhe dem Grasen zu widmen. Pflanzenfresser eben. Die wollen nichts weiter als klare Anweisungen und ein sicheres Umfeld." », *Unterleuten*, p. 61.
57. *Brandebourg*, p. 56, « "Jäger fokussieren", [...] "Opfer haben den Rundumblick." », *Unterleuten*, p. 59.
58. Boltanski et Chiapello, 2011, p. 82.
59. *Ibid.*
60. *Brandebourg*, p. 57.
61. Florey, 2013, p. 114.

requise pour la construction du parc éolien. La jeune femme a bien compris les enjeux et elle saura utiliser à son avantage ce retournement de la situation[62]. Il en ressort donc que le pouvoir découle de la propriété dans le cadre de sa valeur spéculative.

Un retournement du rapport de force peut également être observé entre le PDG de l'Ökologica et ses employés. Lorsqu'un groupe de salariés décide de faire grève et de manifester contre les plans supposés du PDG de l'entreprise, le personnage de Rudolf Gombrowski demande à sa secrétaire Betty d'y répliquer fermement :

> « La grève, c'est pas trois têtes de bois qui décident de rester chez eux. Quel genre de crétin il faut être pour écrire ce tissu d'âneries ? C'est un motif de licenciement en béton. Et sans préavis. Envoie les courriers.
> — Tu veux virer cinq personnes ? En pleine récolte ? »
> [...]
> Bien sûr, Betty avait raison. Il ne pouvait renvoyer personne, pas maintenant ni dans les huit semaines à venir. [...] Si ces cinq clampins avaient décidé de chômer pour de bon, Gombrowski était dans de sales draps[63].

La narratrice adopte la perspective du personnage de R. Gombrowski afin de restituer à la fois la conversation avec la secrétaire et les pensées du PDG de l'Ökologica. À l'issue du conseil communautaire, Kron fait circuler des théories du complot évoquant, entre autres, une possible fermeture de l'Ökologica, car, selon lui, le PDG Gombrowski voudrait construire les étoliennes pour pouvoir prendre sa retraite au plus tôt tout en en augmentant le montant grâce au loyer que les éoliennes lui rapporteraient[64]. Dans les faits, le PDG ne souhaite pas profiter du rendement des éoliennes en sa faveur, mais son dessein est d'améliorer la situation financière de l'exploitation[65]. La voix narrative confronte ainsi les positions des personnages, ce qui permet au lecteur de comprendre leur état émotionnel et leurs intentions et d'établir son propre avis sur la situation. Cette stratégie narratologique est possible grâce à la multi-perspective du roman.

Transmise au discours direct, la colère de Gombrowski porte aussi sur le non-respect des règles du déclenchement de la grève de la part de ses salariés car une grève doit être menée par un syndicat et doit avoir pour objectif d'améliorer les conditions de travail ou les salaires[66]. En insultant ses salariés à travers la synecdoque « têtes de bois » (*Holzköpfe*), le personnage focal exprime son mépris envers les grévistes tout en dénonçant leur manque de réflexion lors de la rédaction du tract annonçant la grève. La question rhétorique interroge à nouveau l'intelligence des grévistes et la validité de la grève, ce qui mène rapidement à la décision de licencier les salariés concernés ; la détermination du PDG est renforcée par l'ellipse « Et sans préavis. ». La secrétaire Betty incarne la voix de la raison et du pragmatisme en rappelant les circonstances, à savoir l'imminence des récoltes, ce qui rend illogique voire irresponsable de procéder

62. Cf. par exemple *Unterleuten*, p. 288.
63. *Brandebourg*, p. 258 *sq.*, « "Streik ist nicht, wenn ein paar Holzköpfe beschließen, zu Hause zu bleiben. Wie blöd muss man sein, um so einen Wisch zu verfassen? Das ist ein hieb- und stichfester Kündigungsgrund. Fristlos. Du schickst die Briefe raus."/"Du willst fünf Leute feuern? In der Erntezeit?" [...]/Natürlich hatte Betty recht. Er konnte niemandem kündigen, nicht jetzt und nicht innerhalb der kommenden acht Wochen. [...] Wenn die fünf Spinner tatsächlich beschlossen, der Arbeit dauerhaft fernzubleiben, hatte Gombrowski ein Problem. », *Unterleuten*, p. 311 *sq.*
64. Cf. *Unterleuten*, p. 280.
65. Cf. *Unterleuten*, p. 199.
66. Cf. Müller-Jentsch, 2017, p. 46.

à des licenciements. Ces questionnements fonctionnent comme des questions rhétoriques sans pour autant en être, car ils expriment l'étonnement de la secrétaire face à son chef colérique et son rejet de la décision qu'il a prise.

Cette scène met en évidence un paradoxe dans le comportement de Gombrowski, qui reproche à ses salariés leur manque de réflexion dans leur manière de préparer la grève et qui pourtant adopte le même comportement irréfléchi avec sa décision de procéder à des licenciements. La narratrice souligne cette contradiction en reproduisant les pensées du personnage, qui n'oublie pas la période tendue des récoltes. Le lecteur comprend alors le retournement de situation : ce n'est pas seulement l'employeur qui a du pouvoir sur ses salariés, mais ce sont aussi les grévistes qui disposent d'un rapport de force vis-à-vis de leur employeur ; lequel est dépendant de la main-d'œuvre pour les récoltes. Les rapports de pouvoirs sont fluctuants et même si les employés ne touchent que de petits salaires et qu'il leur est parfois difficile de vivre de leur seul salaire, ils ont néanmoins le pouvoir de mettre l'employeur sous pression en faisant grève afin d'obtenir des améliorations de leurs conditions de travail.

Conclusion

Même si Juli Zeh se défend de vouloir explicitement inciter le lecteur à prendre position, la voix narrative confronte les différents systèmes et apporte ainsi un regard critique notamment sur les systèmes contemporains que sont le capitalisme et le néolibéralisme. Ces systèmes sont représentés par le comportement de certains personnages qui fonctionnent comme preuve de la critique mise en place par des voix opposées. L'adoption de plusieurs positions permet à la narratrice d'exposer la diversité des opinions qui entendent défendre la démocratie tout en interrogeant la mise en pratique de certains éléments du système, notamment le rapport au travail. Les personnages incarnent des rôles précis dans la société de ce village fictif, ce qui fait ressortir un décalage entre le comportement et les conditions de vie des cadres et ceux des salariés. Le recours qui est fait à plusieurs reprises au champ lexical de la bataille restitue l'esprit de compétition et de rivalité que la narratrice dénonce tout en invitant ainsi le lecteur à réfléchir à sa propre position, non seulement à propos du roman, mais aussi à propos du système dans lequel il vit et de sa propre attitude envers le travail. Étant donné qu'il s'agit d'un texte de fiction, le lecteur a une grande marge de manœuvre pour jeter un regard critique sur sa propre époque.

Bibliographie

Sources primaires

Gortz, Manfred, *Dein Erfolg*, München, Portobello, 2015.

Zeh, Juli, *Unterleuten*, München, btb, ^{3}2017a.

Zeh, Juli, *Brandebourg*, trad. Rose Labourie, Paris, Actes Sud, 2017 b.

Zeh, Juli, *Treideln*, Munich, btb, ^{4}2015.

Zeh, Juli, « Selbst, selbst, selbst (2012) », *Nachts sind das Tiere*, Francfort-sur-le-Main, Schöffling, 2014, p. 205-210.

Zeh, Juli, « Warum veröffentlichen ? – Eine Verteidigung », in J. Zeh et G. M. Oswald (éd.), *Aufgedrängte Bereicherung*, Tübinger Poetik-Dozentur 2010, Künzelsau, Swiridoff, 2011, p. 69-91.

Zeh, Juli et Trojanow, Ilija, *Angriff auf die Freiheit*. Sicherheitswahn, Überwachungsstaat und der Abbau bürgerlicher Rechte, Munich, C. Hanser, 2009.

Zeh Juli et Trojanow Ilija, *Atteinte à la liberté : les dérives de l'obsession sécuritaire*, trad. Patrick Charbonneau, Arles, Actes Sud, 2010.

Littérature critique

Boltanski, Luc et Chiapello, Ève, *Le nouvel esprit du capitalisme*, Paris, Gallimard, 2011.

Fitoussi, Jean-Paul et Guillebaud, Jean-Claude, *La politique de l'impuissance*. Entretien avec Jean-Claude Guillebaud, Paris, Arléa, 2005.

Florey, Sonya, *L'engagement littéraire à l'ère néolibérale*, Villeneuve d'Ascq, Presses universitaires du Septentrion, 2013.

Gersmann, Hanna et Unfried, Peter, « "Das Abendland geht nicht unter". Das zeozwei-Gespräch mit Juli Zeh », *taz* (2016), https://taz.de/!162122/ [10/04/2024].

Jurzysta, Aneta, « Die Mauer steht noch, oder : Begegnungen an der Grenze. Menschen, Geschichten und Konflikte in *Unterleuten* (2016) von Juli Zeh », *Tematy i Konteksty*, n° 7.12/2017, p. 386-401.

Karpenstein-Eßbach, Christa, « Ist literarischer Realismus entpolitisierbar ? Historische Stationen einer Idee », in M. Baßler (éd.), *Entsagung und Routines*. Aporien des Spätrealismus und Verfahren der frühen Moderne, Berlin et Boston, De Gruyter, 2013, p. 387-411.

Laval, Christian, *L'homme économique*. Essai sur les racines du néolibéralisme, Paris, Gallimard, 2007.

Lehmkuhl, Tobias, « Wer in Juli Zehs *Unterleuten* wen bewegt », *Süddeutsche Zeitung online*, 14/04/2016, https://www.sueddeutsche.de/kultur/juli-zehs-unterleuten-hat-juli-zeh-fuer-ihren-aktuellen-roman-abgeschrieben-1.2949260 [03/03/2022].

Magenau, Jörg, « Die Landidylle in der Gewalt alltäglich ist », *Süddeutsche Zeitung online*, 21/03/2016, https://www.sueddeutsche.de/kultur/unterleuten-von-juli-zeh-die-landidylle-in-der-gewalt-alltaeglich-ist-1.2915472?print=true [18/07/2022].

Möller, Horst, *Deutsche Geschichte - die letzten hundert Jahre*. Von Krieg und Diktatur zu Frieden und Demokratie, Munich, Piper, 2022.

Müller-Jentsch, Walther, *Strukturwandel der industriellen Beziehungen*. 'Industrial Citizenship' zwischen Markt und Regulierung, Wiesbaden, Springer VS, [2]2017.

Richter, Lars, « Juli Zeh: Literatur und Engagement unter Leuten », in H. Adler et S. E. Klocke (éd.), *Protest und Verweigerung*. Neue Tendenzen in der deutschen Literatur seit 1989, Paderborn, Wilhelm Fink, 2019, p. 129-155.

Scholl, Anne-Sophie, « Juli Zeh : "Der Kulturkampf von Stadt und Land spitzt sich zu" », *St. Galler Tagblatt*, 07/03/2016, https://www.tagblatt.ch/kultur/buch-buehne-kunst/juli-zeh-der-kulturkampf-von-stadt-und-land-spitzt-sich-zu-ld.1540638 [10/04/2024].

Venzl, Tilman, « Postdemokratie in *Unterleuten* ? Was in Juli Zehs Gesellschaftsroman auf dem Spiel steht », *Zeitschrift für Literaturwissenschaft und Linguistik*, 4.50/2020, p. 711-733.

Viart, Dominique, « Littérature et sociologie, les champs du dialogue », in P. Baudorre, D. Rabaté et D. Viart (éd.), *Littérature et sociologie*, Pessac, Presses universitaires de Bordeaux, 2007, p. 11-28.

Waldow, Stephanie et Zeh, Juli, « Ich weiß, dass ich permanent über Moral schreibe », in S. Waldow (éd.), *Ethik im Gespräch*. Autorinnen und Autoren über das Verhältnis von Literatur und Ethik heute, Bielefeld, Transcript, 2011, p. 55-64.

Pierre-Frédéric Weber*

Les politiques sociales en Pologne. Héritage, tendances et défis

Trente ans d'expérience post-communiste

La décennie écoulée a révélé en Europe une forte montée des populismes, portée notamment par le retour des questions sociales liées à l'équilibre difficile à atteindre entre la croissance économique et la redistribution de ses fruits dans les sociétés. Au regard du changement radical de système politique et économique qui a marqué les pays d'Europe centrale et orientale depuis 1989, les populations concernées ont été amenées à faire preuve d'une grande capacité à s'adapter face à la succession rapide des événements et au fossé important qu'il leur a fallu combler pour intégrer le système économique occidental libéral, diffusé et imposé à travers l'approfondissement du processus de mondialisation des échanges après la chute du système communiste en Europe à la fin de la Guerre froide.

La Pologne a connu à ce titre un parcours à la fois réussi et éprouvant, notamment dans la phase initiale de la transition économique mise en œuvre – sur la base des conseils de l'économiste américain Jeffrey Sachs – sous le nom de Plan Balcerowicz[1], souvent appelé également la « thérapie de choc » et inspiré des recommandations néolibérales du Consensus de Washington. Résolument décidés à juguler rapidement l'hyperinflation alors galopante (près de 640 % en 1989) et à libéraliser le plus possible le système économique du pays en privatisant une partie des services publics, les premiers gouvernements polonais post-communistes acceptèrent, au nom des objectifs de rattrapage et de modernisation, de prendre en compte momentanément un prix social élevé (licenciements massifs dans les entreprises étatisées avant 1989, chômage, paupérisation). Cette sortie rapide et assez brutale (faute de véritable période transitoire) du modèle de l'économie dirigée du socialisme d'État a certes

* Professeur en histoire du temps présent à l'Université de Szczecin (Pologne) où il est vice-directeur de l'Institut d'histoire. Contribution récente : « La Pologne ou l'ascension d'une Europe médiane décomplexée », *Annuaire français des relations internationales* XXV, 2024, p. 455-469.

1. Du nom du ministre des Finances (1989-1991 et 1997-2000) et économiste polonais Leszek Balcerowicz, né en 1947. Cf. Jeffrey Sachs, *Poland's jump to the market economy*, MIT Press, Cambridge, Mass., 1994 ; Wladimir Andreff, *Économie de la transition : la transformation des économies planifiées en économies de marché*, Éditions Bréal, Paris 2007 ; Antoni Dudek, *Historia polityczna Polski 1989-2012* [Histoire politique de la Pologne 1989-2012], Znak, Cracovie, 2013 ; Grzegorz W. Kolodko, *From Shock to Therapy: The Political Economy of Postsocialist Transformation*, Oxford University Press, Oxford, 2000, p. 119-140.

permis à la Pologne de réduire de moitié la dette héritée de l'époque communiste, de s'engager efficacement sur la voie de l'économie de marché et, à moyen terme, de la prospérité, avec un niveau de croissance enviable et une forte résilience dans les périodes de crise, comme en 2008 lorsque le pays a été l'un des rares à maintenir le cap dans une Union européenne alors majoritairement en récession.

Après son adhésion réussie à l'Union européenne (UE) en 2004, la Pologne a connu une décennie que l'on pourrait résumer comme une période de croissance économique sans véritables dividendes sociaux pour les acteurs moins privilégiés, en dépit des efforts entrepris en 2007-2013 avec le soutien de l'UE pour réduire les disparités dans les régions moins dynamiques dites de la « Pologne [de catégorie] B » (*Polska B*)[2]. Les lacunes de la politique sociale et l'absence d'ambition en termes de redistribution des fruits de la croissance, de la part des gouvernements libéraux, ont été exploitées par le parti populiste national-conservateur Droit et Justice (*Prawo i Sprawiedliwość* – PiS) qui a su s'engouffrer habilement dans cette brèche et remporter les élections de 2015 en grande partie grâce à l'une de ses promesses de campagne – la mise en place du programme « Famille 500+ » d'allocations familiales[3].

Pour mieux saisir l'évolution et l'état actuel des politiques sociales en Pologne, il convient d'abord de rappeler quels sont les principaux acteurs sociaux polonais. On mettra ensuite en évidence le défi principal des décideurs en Pologne, à savoir l'enjeu démographique, avant de se pencher enfin sur l'organisation des systèmes de retraites et de santé qui constituent une source de difficultés et le resteront, selon toute probabilité, dans les années à venir.

Syndicalisme et acteurs sociaux en Pologne

L'histoire du syndicalisme en Pologne post-communiste trouve son origine dès le début des années quatre-vingt du XXe siècle, avec la création – encore sous le régime communiste – d'un premier syndicat indépendant, baptisé « Solidarité » (*Solidarność*), qui est resté associé à la personnalité charismatique de l'électricien des chantiers navals de Gdańsk, fossoyeur du régime, puis président de la République (1990-1995), Lech Wałęsa[4]. La dimension éminemment politique du mouvement social fédéré autour de ce syndicat, phénomène alors totalement inédit dans les régimes communistes, a conduit, une fois balayé le Parti ouvrier unifié polonais (*Polska Zjednoczona Partia Robotnicza*, PZPR), à une institutionnalisation de « Solidarité » en tant que force politique dans l'ère post-communiste, à travers son relais parlementaire des années quatre-vingt-dix – l'Action électorale « Solidarité » (*Akcja Wyborcza Solidarność*, AWS).

Si le syndicat a perduré en tant que nom, sa structure et (le nombre de) ses membres ont sensiblement changé au cours des trente dernières années, d'abord parce que l'unité initiale qui avait conduit des acteurs de sensibilités et d'horizons politiques divers à resserrer les rangs face aux communistes s'est quasi immédiatement effritée après l'avènement de la démocratie libérale. Malgré tout ce qui les distingue et

2. Le Programme opérationnel de développement de la Pologne orientale (*Program Operacyjny Rozwój Polski Wschodniej*) a été réalisé avec le soutien important du Fonds européen de développement régional (FEDER).
3. Le programme « Famille 500+ » (*Rodzina 500+*), mis en place en avril 2016, prévoyait le versement mensuel de 500 złoty (environ 115 euros) d'allocations familiales par enfant à compter du deuxième enfant, prestation étendue à tous, sans critères sociaux, dès le premier enfant, à partir de juillet 2019.
4. Lech Wałęsa (né en 1943) fut le premier chef d'État polonais élu démocratiquement au suffrage universel en décembre 1990, après la fin du régime communiste.

parfois les oppose, les principaux partis politiques actuels en Pologne à l'exception de l'Alliance de la gauche démocratique (*Sojusz Lewicy Demokratycznej*, SLD) – de la droite conservatrice aux libéraux en passant par le parti agraire et certains partis de la droite radicale – sont issus du mouvement initial porté par « Solidarité ». En effet, tombés d'accord sur la nécessité d'amener le régime communiste à se réformer, puis de le remplacer, les acteurs principaux de « Solidarité » représentaient toutefois des options politiques et idéologiques différentes quant à la reconstruction des institutions après la chute du communisme.

Le paysage du syndicalisme polonais a ainsi été largement façonné par la configuration politique particulière issue des rapports de force entre les (anciens) communistes et leurs opposants (divers). Il se caractérise par un faible nombre de grands syndicats représentant chacun des groupes de salariés de secteurs variés. Les principaux syndicats sont au nombre de trois[5] : outre le Syndicat indépendant et autonome « Solidarité » (*Niezależny Samorządny Związek Zawodowy Solidarność*, environ 600.000 membres), plutôt de droite, dans la ligne anti-communiste de ses origines, on distingue ainsi l'Alliance nationale des syndicats (*Ogólnopolskie Porozumienie Związków Zawodowych*, OPZZ, 550 000 membres), orientée plus à gauche étant donné qu'elle avait été créée à la fin de la période communiste pour contrer l'influence de « Solidarité », ainsi que le Forum des syndicats (*Forum Związków Zawodowych*, FZZ, près de 300 000 membres), politiquement neutre et fondé plus récemment – en 2002 – en réaction aux tensions répétées entre l'OPZZ et « Solidarité ». À ces trois syndicats s'ajoutent quelques regroupements plus réduits, représentant des secteurs particuliers, notamment l'agriculture. Le taux de syndicalisation est actuellement très faible, situé autour de 12 %, soit environ 1,7 million de syndiqués, la catégorie professionnelle la plus représentée étant le corps enseignant qui rassemble près d'un cinquième du nombre total des actifs syndiqués[6].

Les syndicats de salariés forment avec les organisations patronales et l'État polonais un système de consultation sociale, fondé sur le principe tripartite et organisé dans un premier temps, de 1994 à 2015, au sein de la Commission tripartite chargée des questions socio-économiques (*Trójstronna Komisja ds. Społeczno-Gospodarczych*), remplacée par le Conseil du dialogue social (*Rada Dialogu Społecznego*, RDS) en juillet 2015. Cet organe regroupe les représentants des trois principales centrales syndicales salariales mentionnées plus haut, ceux de six grandes organisations patronales ainsi que le gouvernement (à travers treize de ses ministres, dont les portefeuilles touchent à différents degrés les questions sociales – Travail, Économie, Santé, Enseignement...), auxquels viennent s'ajouter le délégué du président de la République ainsi que les représentants de quelques autres institutions compétentes (notamment de la Banque centrale polonaise et de l'Inspection du travail)[7]. Le rôle du RDS, qui rend un rapport annuel publié par les deux chambres du parlement polonais (*Sejm* et Sénat),

5. Voir la page consacrée au « Dialogue social » et aux syndicats sur le site internet du gouvernement polonais, https://www.gov.pl/web/dialog/zwiazki-zawodowe (consulté le 20/03/2024).
6. Chiffres officiels de l'Office central des statistiques (*Główny Urząd Statystyczny*, GUS) pour l'année 2022 : enseignement, 19,3 % ; administration publique et défense nationale, 14,7 % ; industrie 13,3 % ; métiers de la santé et travailleurs sociaux, 11,4 % ; secteur minier, 9,5 % ; secteur énergétique 5,3 %. Cf. Bastian Sendhardt, « Die fragmentierte Gewerkschaftsbewegung in Polen: Das schwierige Erbe von 1989 », *Polen-Analysen* n° 263 (2020), p. 2-6 ; *Polen. Gewerkschaftsmonitor*. Friedrich-Ebert-Stiftung 2020, https://library.fes.de/pdf-files/id/gewerkschaftsmonitore/16063/2020-polen.pdf (consulté le 20/03/2024).
7. Voir le site officiel *Rada Dialogu Społecznego*, https://www.gov.pl/web/dialog/rada-dialogu-spolecznego3 (consulté le 20/03/2024).

consiste à assurer – à travers plus d'une dizaine de groupes de travail[8] – une fonction de concertation et de consultation entre les partenaires sociaux, en vue d'éviter les conflits et de chercher à maintenir l'équilibre entre les exigences, parfois difficiles à concilier, du libéralisme économique et de la justice sociale – en particulier dans les domaines où les citoyens polonais attendent de la part de l'État qu'il agisse en tant que garant des droits fondamentaux inscrits dans la constitution polonaise en matière d'égalité d'accès à l'enseignement, aux soins, etc. Ceci est d'autant plus important que la Pologne se voit confrontée au défi démographique des sociétés occidentales développées, accentué par le phénomène post-communiste.

La Pologne face au déclin démographique – un enjeu social

Si la démographie polonaise a été marquée, pendant et après la Seconde Guerre mondiale, par des migrations forcées à grande échelle (sous l'occupation nazie d'une part, soviétique de l'autre, puis à la suite des décisions prises à Yalta et à Potsdam), l'émigration est un phénomène à la fois plus ancien et plus récurrent dans l'histoire de la Pologne. La première vague migratoire des Polonais à l'époque moderne, communément appelée la « Grande émigration » (*Wielka Emigracja*), intervint à la suite de l'écrasement de l'Insurrection de 1830. D'autres suivirent au cours du long XIXe siècle, le XXe voyant apparaître – dans l'Entre-deux-guerres – des flux motivés davantage par des choix économiques : ainsi la France accueille-t-elle dès les années vingt plusieurs centaines de milliers de Polonais venus travailler dans les mines du nord-est du pays. L'émigration, politique mais également économique, s'intensifia à nouveau vers la fin de la Guerre froide, dans les années quatre-vingt, la transition post-communiste et les difficultés économiques qui s'y associaient renforçant encore les tendances migratoires centrifuges à destination des pays plus riches d'Europe occidentale, mais aussi de l'Amérique du nord.

Au fur et à mesure que la Pologne s'est rapprochée du marché de l'UE avant, finalement, de l'intégrer, l'émigration des Polonais à la recherche d'un emploi ou d'une amélioration de leurs revenus s'est à nouveau intensifiée. En raison de leur ouverture rapide aux travailleurs immigrés, l'Irlande et le Royaume-Uni se sont vite imposés comme principales destinations de l'émigration économique polonaise des années 2000, outre les pays européens traditionnellement attractifs tels que l'Allemagne ou la France. On estimait à la fin des années 2000 qu'environ deux millions de Polonais avaient quitté le pays pour travailler à l'étranger dans les cinq premières années suivant l'adhésion à l'UE, et que 10 % de la population polonaise se trouvait à l'étranger au sommet de la vague de départs de Pologne[9]. Dans l'immédiat, cela permit de réduire – en le délocalisant – le problème du chômage résultant de la transformation économique du pays. L'activité économique des émigrés polonais permettait également de rediriger une partie de leurs revenus vers le pays sous forme d'investissements privés, notamment dans l'immobilier, et d'améliorer le niveau de vie de leurs proches restés en Pologne. Toutefois, la croissance rapide et continue de l'économie polonaise a non seulement conduit à résorber le chômage restant, mais a également

8. Ceux-ci portent notamment sur les salaires et les prestations sociales, le droit du travail, la politique économique, le marché du travail, les assurances sociales, les services publics (en particulier les services de santé) etc. Des commissions spéciales peuvent être créées pour se pencher par exemple sur un projet de loi.
9. Cf. *Sytuacja demograficzna Polski* [Situation démographique de la Pologne], Rządowa Rada Ludnościowa, Varsovie, 2009, p. 131.

fait apparaître une nouvelle difficulté, liée cette fois au manque de main-d'œuvre. Cette situation était en réalité le révélateur d'un problème structurel plus grave, celui d'un recul démographique inscrit dans la durée, tant du point de vue du taux de natalité que de celui de l'indice de fécondité. Ce dernier avait diminué systématiquement depuis l983 (2,42), une tendance qui s'était accélérée après 1989. Situé à seulement 1,22 en 2004, il reste aujourd'hui à un niveau faible autour de 1,30 et ne permet donc plus le renouvellement des générations[10].

L'un des chantiers prioritaires fixés par le parti Droit et Justice dans son programme électoral de 2015 visait à mettre un frein à cette tendance en incitant d'une part les Polonais émigrés à rentrer au pays et d'autre part les jeunes actifs à avoir plus d'enfants. La pièce maîtresse dans son projet de loi nataliste consistait à inciter les Polonais(es) en âge de procréer à le faire, en offrant un soutien financier régulier sous forme d'allocations familiales, jusqu'alors peu développées en Pologne[11]. Cette nouveauté en matière de politique sociale a joué un rôle déterminant dans la victoire électorale de Droit et Justice. Elle répondait à un vrai manque, perçu surtout, mais pas uniquement, par les couches défavorisées de la population, en particulier rurales ou habitant des villes petites ou de taille moyenne. Toutefois, elle a suscité également des critiques. Dès sa mise en place, elle fut décriée par l'opposition libérale de la Plateforme citoyenne/Coalition citoyenne (*Platforma obywatelska/Koalicja obywatelska*, PO/KO) comme trop coûteuse. Si les partis de gauche étaient *a priori* favorables à un programme de redistribution de ce type, des organisations féministes ont déploré l'absence de volonté politique à développer parallèlement le système public des crèches et garderies qui permettrait à un nombre plus important de femmes d'associer vie privée et vie professionnelle (comme cela était le cas à l'époque communiste en Pologne et dans la plupart des autres pays du bloc soviétique avant la libéralisation de 1989)[12]. Le revers de la médaille du programme « Famille 500+ » est en effet qu'il rend plus difficile la (ré)insertion professionnelle des mères en les incitant à rester mères au foyer – un effet secondaire qui correspond aux attentes conservatrices et traditionalistes exprimées au sein de Droit et Justice qui s'est aussi engagé en faveur d'un durcissement de la loi sur l'avortement, appuyé en cela par l'aile conservatrice de l'épiscopat catholique polonais.

Il est intéressant de noter qu'au bout des huit années de gouvernement, le programme d'allocations familiales porté par Droit et Justice a réussi à gagner la faveur des Polonais, bien au-delà du cercle des militants ou sympathisants de ce parti et même au sein de l'opposition. Tout au moins, celle-ci a pris conscience qu'il devenait politiquement impossible de revenir sur le principe d'un soutien financier aux familles, au risque de perdre les élections[13]. En dépit de sa sensibilité économique libérale, la Coalition citoyenne a annoncé ne pas vouloir remettre en question « Famille 500+ » en cas de victoire aux élections législatives de l'automne 2023. Elle a tenu promesse et, qui plus est, a même maintenu le programme dans sa nouvelle

10. Cf. Małgorzata Pacek, « Emigracja polska po akcesji do UE. Wyjazdy i powroty? » [L'émigration polonaise après l'adhésion à l'UE. Départs et retours ?], *Studia europejskie* 3, 2010, p. 31-58.
11. Stefan Garsztecki, « Soziale Gerechtigkeit – eine lange verkannte Komponente der polnischen Transformation », *Polen-Analysen* n° 261, 2020, p. 2-7.
12. Małgorzata Druciarek « "Familie 500 plus". Für Frauen ein Minus. Die Familienpolitik der Regierung und ihre möglichen Folgen aus der Perspektive der Geschlechtergleichheit », *Polen-Analysen* n° 186, 2016, p. 2-6.
13. Dominik Owczarek, « Soziale Probleme lösen oder Wähler gewinnen? Die Sozialpolitik der PiS seit 2015 », *Polen-Analysen*, n° 246, 2019, p. 2-7.

version revalorisée par Droit au Justice juste avant le scrutin dans l'espoir d'en faire un atout en vue d'une troisième période de gouvernement. Désormais, les familles reçoivent non plus 500 złoty (environ 115 euros), mais 800 (environ 185 euros) par enfant dès le premier enfant[14].

Si l'on peut certes arguer du bien-fondé social d'une aide apportée aux familles, en particulier depuis 2021, dans une période marquée – entre la pandémie de COVID-19 et la guerre en Ukraine – par une hausse importante de l'inflation, l'unanimité ne règne pas quant à l'absence de critères sociaux pour l'obtention de ces allocations. Le fait le plus marquant concerne cependant l'absence d'effet tangible sur le taux de natalité. Résultant d'une tendance commune à de nombreux pays développés, accentuée dans les pays post-communistes pour des raisons économiques (rattrapage, émigration de jeunes en âge de procréer etc.), le vieillissement de la population polonaise et sa diminution programmée au regard de la pyramide des âges ne se laissent pas endiguer par une simple politique nataliste d'incitation financière. L'essor économique de la Pologne depuis la chute du communisme et, plus encore, depuis son adhésion à l'UE l'oblige à compenser – partiellement – le manque de main-d'œuvre par le recours aux travailleurs immigrés, en priorité d'Ukraine.

Retraites, santé – défis en temps de crises

Le problème du manque de main-d'œuvre, causé à la fois par la forte émigration et la baisse continue du taux de natalité, associée à un allongement progressif de l'espérance de vie (avec plus de 25 % de plus de 60 ans en 2022 contre 17 % en 2005[15]), se répercute logiquement sur le système des retraites et l'assurance sociale dont le financement pèse de plus en plus sur les finances publiques. Cela avait poussé le gouvernement, alors libéral, à procéder à une réforme en 2013, visant à repousser l'âge de la retraite à 67 ans – dès 2020 pour les hommes, à partir de 2040 pour les femmes[16]. Cette réforme a finalement été abandonnée par le gouvernement Droit et Justice en octobre 2017, conduisant à fixer l'âge de la retraite à 65 ans pour les hommes et à 60 ans pour les femmes. Toutefois, le système de financement des retraites a été maintenu dans la forme qu'il avait prise en 1999, s'appuyant sur deux piliers principaux : d'une part, un régime de retraite par cotisations, public et géré par la Sécurité sociale polonaise (*Zakład Ubezpieczeń Społecznych*, ZUS) ; d'autre part, un régime par capitalisation cogéré par la ZUS et des fonds de pension privés. À ces deux piliers vient s'ajouter, le cas échéant, un troisième – facultatif et entièrement à gestion privée. Une pension minimale est assurée pour les femmes ayant cotisé au moins 20 ans et les hommes pouvant faire valoir au moins 25 ans de cotisations. En deçà de ce seuil, aucune pension n'est accordée.

Le faible niveau des retraites assurées par le premier pilier incite les actifs à rechercher des placements et investissements privés, notamment via le troisième pilier, ce qui accentue le risque d'inégalités à l'avenir. En effet, le maintien de l'âge actuel de départ à la retraite (65/60 ans) rend le premier pilier de moins en moins viable face à la diminution de la population active que les retours d'émigration depuis le Brexit de

14. Le salaire minimum polonais s'élève au 1er janvier 2024 à 4 242 złoty (environ 980 euros) avant imposition.
15. Główny Urząd Statystyczny, *Sytuacja osób starszych w Polsce w 2022 r.* [La situation des personnes âgées en Pologne en 2022], Varsovie, 2023, p. 13.
16. Urszula Banaszczak-Soroka, « Korrektur, Reform oder Auflösung der zweiten Säule des Rentensystems in Polen? », *Polen-Analysen* n° 137, 2014, p. 2-6.

2020 n'ont pas pu compenser. Certaines projections prévoient que d'ici une génération, le montant de la retraite versée par la ZUS représentera en moyenne 25 % du salaire. Pour les seniors qui n'auront pas été en mesure de compléter suffisamment leur retraite par le système de capitalisation, cette tendance présage d'un risque de paupérisation. Un problème supplémentaire vient de l'isolement des seniors du fait des nombreux départs à l'étranger des plus jeunes[17]. Il convient de noter qu'au fil des dix dernières années, la situation économique des plus anciens a constitué pour le parti Droit et Justice un enjeu important. En effet, les plus de 60 ans représentent plus de 50 % de son électorat.

Le financement du système de santé a constitué et constitue plus que jamais lui aussi un défi crucial de la politique sociale pour les gouvernements polonais successifs, tous partis confondus. Dans une large mesure, les problèmes observés trouvent d'ailleurs leur source dans les mêmes causes que celles décrites plus haut à propos des retraites. Les solutions trouvées suivent elles aussi un modèle similaire[18]. Les causes, tout d'abord : là encore, on observe un système pris entre le marteau des dépenses croissantes (du fait de l'allongement de l'espérance de vie et donc de l'augmentation du nombre de patients atteints de maladies liées à l'âge) et l'enclume de recettes en baisse (à cause du rétrécissement démographique et, par conséquent, de la diminution de la population active). Le système de santé polonais souffre depuis des décennies d'un sous-financement public chronique qui conduit notamment à l'émigration économique du personnel médical – médecins comme infirmier(e)s – par ailleurs souvent très bien formé et qualifié. Depuis au moins vingt ans, les hôpitaux en Pologne doivent faire face en particulier à un manque croissant de personnel infirmier. La profession, longtemps réputée difficile et mal rémunérée, peine toujours à attirer les jeunes, bien que l'augmentation des salaires ait contribué à très largement réduire l'attractivité antérieure de l'émigration (plus de 54 % des infirmières affirmant ne pas du tout envisager de quitter le pays). L'âge moyen actuel du personnel infirmier ainsi que les projections pour les années à venir laissent même présager une catastrophe programmée pour le système de santé : les infirmières exerçant en 2023 étaient âgées de 54 ans en moyenne ; en 2030, leur âge moyen devrait même dépasser 57 ans[19].

La crise du système de santé a donné lieu en 2017 au premier grand mouvement de contestation contre le gouvernement national-conservateur Droit et Justice. Porté notamment par les jeunes médecins, il a d'abord suscité de la part du gouvernement une réaction réticente, voire hostile, les professionnels de la santé n'étant généralement pas réputés appartenir au groupe des sympathisants de Droit et Justice. Devant certaines banderoles augurant du risque d'une nouvelle vague d'émigration de la part des jeunes médecins, certains membres du PiS ont même fait preuve d'une attitude de défi (ainsi la députée Józefa Hrynkiewicz, lançant à l'adresse des manifestants « Eh bien, qu'ils partent ! »/*Niech jadą*). La pression exercée à l'automne 2017 a tout de même forcé le gouvernement à s'engager à consacrer au moins 6 % du budget aux investissements dans le système de santé publique, objectif néanmoins toujours pas réalisé au moment des élections de l'automne 2023.

17. Peter Oliver Loew, « Die demographische Entwicklung Polens. Herausforderungen und Konsequenzen », *Polen-Analysen* n° 231, 2019, p. 2-8.
18. Cf. Dominik Owczarek, « Soziale Probleme lösen… ».
19. Cf. *Raport o stanie pielęgniarstwa i położnictwa w Polsce* [Rapport sur l'état des services infirmier et obstétrique en Pologne], Naczelna Izba Pielęgniarek i Położnych, Varsovie, 2023, p. 12-14.

Du point de vue des patients, si le régime public du système de santé polonais assure certes des soins de qualité satisfaisante, il est associé avant tout à des délais très longs quand il s'agit d'obtenir un rendez-vous auprès d'un spécialiste. Il est commun de devoir attendre jusqu'à deux voire trois ans pour consulter notamment un endocrinologue ou un orthopédiste. Cela a entraîné un essor du secteur privé – cabinets, hôpitaux de jour, cliniques – dont les soins ne sont pas couverts par la Sécurité sociale et restent donc intégralement à la charge du patient. Les Polonais ont néanmoins de plus en plus souvent recours à la médecine privée, d'ailleurs dispensée généralement par des praticiens fonctionnant parallèlement dans le secteur public (hôpitaux). En 2022, la part des dépenses de santé des Polonais dans la médecine privée s'élevait à plus de 50 milliards de złoty (plus de 11,5 milliards d'euros), ce qui représentait plus d'un tiers de la somme dépensée dans la médecine publique et près de 2 % du produit intérieur brut du pays.

En conséquence, la question de l'égalité de l'accès aux soins se pose de plus en plus avec acuité, étant donné que ce mode de fonctionnement conduit à un système « à l'américaine », caractérisé par de fortes inégalités liées au capital économique dont disposent les patients et, par conséquent, à l'approfondissement des disparités entre « médecine des riches » et « médecine des pauvres ». Cela est déjà visible du point de vue de l'espérance de vie : l'Institut national polonais de Santé publique (*Narodowy Instytut Zdrowia Publicznego*, NIZP) note à ce titre un écart pouvant atteindre jusqu'à douze ans du fait de l'inégalité économique de l'accès aux soins[20]. Tout comme dans de nombreux pays de l'UE, à des degrés variables, la pandémie de COVID-19 a accentué les difficultés observées, en particulier le manque de personnel, malgré le versement de primes aux soignants. L'immigration d'infirmières étrangères, ukrainiennes notamment (environ un millier exerçant en Pologne à la fin 2023), améliore quelque peu la situation sans parvenir pourtant à en inverser la tendance.

La viabilité de la politique sociale polonaise des années 2015-2023 en question

La politique sociale dont le gouvernement mené par le parti Droit et Justice s'est fait fort au cours des huit dernières années a certes répondu en partie à l'insatisfaction des Polonais qui se sentaient en décrochage par rapport à la forte croissance économique de la Pologne depuis les années 2000 et, particulièrement, au cours de la première décennie ayant suivi l'adhésion du pays à l'UE. En cela, la défaite des libéraux polonais en 2015 a été pour eux une leçon. Toutefois, la politique populiste menée par Droit et Justice a conduit son gouvernement à étendre le champ et les destinataires d'allocations publiques à des groupes de plus en plus nombreux – et ce, en partie, par clientélisme politique. L'introduction d'un treizième, puis d'un quatorzième mois de retraite pour les seniors représentera à lui seul, en 2024, une dépense de 30 milliards de złoty (environ sept milliards d'euros)[21]. Outre le souci affiché de soutenir les plus

20. *Wydajemy miliardy na prywatne wizyty lekarskie. Bogaci żyją dłużej* [Nous dépensons des milliards pour les visites privées chez le médecin. Les riches vivent plus longtemps], *Business Insider*, 05/08/2023, https://businessinsider.com.pl/gospodarka/nfz-jest-niewydolny-wiec-polacy-lecza-sie-prywatnie-padl-rekord/ggqlsff (consulté le 20/03/2024). Pour un état des lieux plus approfondi du système de santé polonais, on consultera le rapport du NIZP (disponible en anglais) : Bogdan Wojtyniak, Paweł Goryński (dir.), *Health status of Polish population and its determinants 2022*, National Institute of Public Health, Varsovie, 2023.

21. « Wojciech Nagel. Polski nie stać na jeszcze niższy wiek emerytalny » [Wojciech Nagel. La Pologne ne peut pas se permettre d'abaisser encore l'âge de la retraite], *Rzeczpospolita*, 15/03/2024, https://www.rp.pl/ubezpieczenia/art39999981-wojciech-nagel-polski-nie-stac-na-jeszcze-nizszy-wiek-emerytalny (consulté le 20/03/2024). Wojciech Nagel, interviewé ici, est le président de la Sécurité sociale polonaise (ZUS).

anciens, longtemps négligés, en revalorisant de façon significative leurs retraites, les mesures du PiS en faveur de cette catégorie de la population répondaient clairement à un calcul électoral.

Une telle politique sociale a évidemment un prix. Elle représente pour le budget de l'État polonais des dépenses annuelles élevées et contribue à entraîner une hausse de l'endettement et de l'inflation. Cette dernière a été particulièrement marquée en Pologne au cours des trois dernières années. Si la hausse des dépenses publiques n'en est pas la seule cause, elle y participe en tout cas. L'effet combiné du maintien de l'âge de départ à la retraite à 65 ans pour les hommes et 60 ans pour les femmes, d'une politique sociale coûteuse et d'un marché du travail en situation de suremploi – associés à un déficit démographique que les mesures natalistes ne semblent pas pouvoir endiguer jusqu'à présent – révèle une réalité tabouisée par Droit et Justice et encore difficilement acceptée par la société polonaise : le pays doit et devra s'appuyer largement sur l'immigration. L'absorption rapide et facile de centaines de milliers de réfugiés ukrainiens par l'économie polonaise témoigne des besoins énormes en matière de main-d'œuvre. Le recours croissant à des travailleurs d'origine extra-européenne semble inéluctable et représentera pour la Pologne un défi sociétal important, les problèmes d'intégration observés en Europe occidentale contribuant à alimenter les craintes dans un pays habitué, au moins depuis la fin de la Seconde Guerre mondiale, à une forte homogénéité culturelle.

Peter-Christian
Müller-Graff*

Développements et référentiels pour les droits sociaux à l'échelle européenne

État de la question sous l'angle juridique

« Quels développements et quels référentiels pour les droits sociaux à l'échelle européenne sous l'angle juridique[1] » ? – voilà la question que cet article se propose d'aborder. « La perception selon laquelle la cohésion et intégration sociales sont souvent à la traîne tandis que l'intégration économique européenne constitue le fil conducteur des affaires européennes est très répandue » – a déclaré la professeure Sophie Robin-Olivier au congrès 2023 de la Fédération Internationale pour le Droit Européen[2]. Cette perception est-elle exacte ? Afin de tenter d'apporter des réponses possibles, cet article soulève sept questions.

Première question : *Pourquoi* les droits sociaux et la politique sociale font-ils *l'objet du droit de l'Union,* alors que l'Union européenne n'est pas un État ?

Les droits sociaux et la politique sociale sont traditionnellement liés au principe de l'État social. C'est, tout d'abord, à l'État qu'il revient d'organiser ce domaine et ce, aux côtés des entreprises et des partenaires sociaux, afin de protéger et distribuer des bienfaits sociaux – grâce à ses contribuables. Il est évident que l'Union n'étant pas un État proprement dit, elle ne dispose que d'un budget limité. Néanmoins, il s'agit aussi, et à juste titre, d'un thème qui, au niveau de l'Union, se rapporte à une communauté transnationale[3] et, aujourd'hui, selon les politologues, à un régime politique propre[4]. Mais il faut reconnaître qu'au niveau européen, le droit social et la politique sociale ne

* Professeur senior de droit privé, droit commercial, droit économique, droit européen et droit comparé à la Ruprecht-Karls-Universität Heidelberg. Il est docteur *honoris causa* de plusieurs universités. Il a notamment publié « Die Vertragsziele der Europäischen Union », in Hatje/Müller-Graff (dir.), *Europäisches Organisations- und Verfassungsrecht,* 2e éd., Baden-Baden 2022, p. 359-399 ; « Europäisches Binnenmarkt- und Wirtschaftsordnungsrecht », in Müller-Graff (dir.), *Europäisches Binnenmarkt- und Wirtschaftsordnungsrecht,* 2e éd., Baden-Baden 2021, p. 53-128; Hatje/Müller-Graff (dir.), *Enzyklopädie Europarecht,* en 12 volumes, 2e éd., Baden-Baden 2020-2022.

1. Il s'agit du texte de la conférence donnée par l'auteur lors du colloque de l'Université Paul-Valéry sur « Les politiques sociales européennes » à Montpellier le 30 septembre 2023.
2. Sophie Robin-Olivier, « Union Sociale Européenne », in Alexander Kornezov (dir.), *European Social Union,* Sofia (Ciela Norma) 2023, p. 16-32, p. 16.
3. Peter-Christian Müller-Graff, « Verfassungsziele der EU », in Manfred Dauses/Markus Ludwigs (dir.), *Handbuch des EU-Wirtschaftsrechts,* München (C. H. Beck), 2019, A I Rn. 62 et suivants.
4. Rudolf Hrbek, « Die Europäische Union als Politische Gemeinschaft », in Peter-Christian Müller-Graff (dir.), *Kernelemente der europäischen Integration,* Baden-Baden (Nomos) 2020, p. 13-37.

sont pas une fin en soi… pas plus que l'Union elle-même. Conformément à l'article 3 du Traité sur l'Union européenne, l'Union a pour but constitutionnel, « de promouvoir la paix, ses valeurs et le bien-être de ses peuples » – mais pas de n'importe quelle manière. Il lui est permis pour ce faire d'emprunter *quatre* voies opérationnelles principales[5] prévues à l'article 3 TUE : premièrement, l'établissement d'un « marché intérieur[6] » dans le cadre (entre autres) d'une « économie sociale de marché hautement compétitive, qui tend au plein emploi et au progrès social[7] », et à promouvoir « la cohésion économique, sociale et territoriale[8] » ; deuxièmement, la garantie d'un espace sans contrôles aux frontières intérieures, appelé « espace de liberté, de sécurité et de justice sans frontières intérieures[9] » ; troisièmement, l'établissement d'une « union économique et monétaire[10] » et quatrièmement, l'affirmation internationale par une action européenne commune[11].

Dans ce cadre, la politique sociale et les droits sociaux peuvent servir le mécanisme de l'intégration constitutionnelle de l'Union. Plus précisément, ils servent avant tout au bon fonctionnement du marché intérieur en favorisant la convergence sociale au regard des spécificités nationales des États membres. Plus précisément encore, ils visent à promouvoir la libre circulation des travailleurs au sein du marché intérieur[12] et, en même temps, à réduire les distorsions de concurrence résultant des différents niveaux de coûts sociaux dans les États membres. Cette approche se reflète dans les compétences de l'Union et entraîne des conséquences sur les politiques de convergence sociale. Toutefois, certains économistes ont souligné que la politique de convergence sociale peut priver les entreprises, dans certains pays, de leur avantage concurrentiel transnational[13]. Cette approche serait par exemple en conflit avec l'obligation des entreprises prestataires de service de rémunérer leurs travailleurs détachés selon les règles de l'État d'accueil[14] (notamment les entreprises de construction portugaises en France)[15].

Deuxième question : Quelles sont les *ambitions actuelles* de la politique européenne en matière de convergence sociale ?

L'ambition politique actuelle de l'Union vise la mise en œuvre de ce que l'on appelle « le socle européen des droits sociaux ». Il s'agit d'une « Proclamation interinstitutionnelle » du Parlement européen, du Conseil et de la Commission européenne du 13 décembre 2017 « sur le socle européen des droits sociaux[16] » qui compte trois domaines thématiques. Son le *premier* volet, intitulé « Égalité des chances et accès au marché de travail », énumère quatre sujets, à savoir : éducation, formation et

5. Peter-Christian Müller-Graff, « Art. 3 EUV », in Matthias Pechstein/Carsten Nowak/Ulrich Häde (dir.), *Frankfurter Kommentar EUV - GRC - AEUV*, Tübingen (Mohr Siebeck) 2023, Rn. 24 et suiv.
6. Voir article 3 par. 3 TUE et article 26 par. 2 TFUE.
7. Voir article 3 par. 3 TUE.
8. Voir article 174 et suivants TFUE.
9. Voir article 3 par. 2 TUE et article 67 et suivants TFUE.
10. Voir article 3 par. 4 TUE et article 119 et suivants TFUE.
11. Voir article 3 par. 5 TUE, article 21 TUE et article 205 et suivants TFUE.
12. Voir article 45 et suivants TFUE.
13. Claus-Friedrich Laaser/Rüdiger Soltwedel *et al.*, *Europäische Integration und nationale Wirtschaftspolitik*, Tübingen (J.C.B. Mohr Paul Siebeck) 1993, p. 84, 87.
14. Prévue à article 3, par. 1 de la Directive 96/71/CE du Parlement européen et du Conseil du 16 décembre 1996, JO 1997 L 18/1.
15. Voir CJCE, arrêt du 27 mars 1990, *Rush Portuguesa*, C-113/89, pt. 18.
16. JO 2017 C 428/09.

apprentissage tout au long de la vie ; égalité des chances ; égalité entre les femmes et les hommes ; soutien actif à l'emploi) ; le *deuxième* volet s'appelle « Conditions de travail équitables » et compte six sujets : emplois sûrs et adaptables ; salaires ; informations concernant les conditions d'emploi et protection en cas de licenciement ; dialogue social et participation des travailleurs ; équilibre entre la vie professionnelle et la vie privée ; environnement de travail sain, sûr et adapté) ; et le *troisième* volet, « Protection sociale et inclusion sociale », avec dix sujets : accueil de l'enfance ; protection sociale ; prestations de chômage ; revenu minimum ; prestations de vieillesse et pensions ; soins de santé ; inclusion des personnes handicapées ; soins de longue durée ; logement et aide aux sans-abri ; accès aux services essentiels.

Que contient ce socle sous l'angle *juridique* ? Il n'est pas en soi juridiquement contraignant[17], mais offre plutôt une visualisation de l'inventaire social européen, plus précisément, une compilation concise de l'ensemble des droits et principes existants dans le droit de l'Union et dans les accords internationaux liant l'Union[18], combinée à la perspective de sa prise en compte à la lumière des nouvelles réalités. Cependant, cela pourrait devenir juridiquement pertinent à l'avenir, notamment à mesure que des actes juridiques y fassent référence ou que des cours le jugent nécessaire[19].

Troisième question : Quelle convergence sociale est rendue possible par les *compétences constitutionnelles* de l'Union européenne ?

Il est bien connu que l'Union européenne *n'est pas responsable* de *l'organisation ni* du *financement* des systèmes de protection sociale (en particulier du système d'assurance maladie, des retraites, des pensions, des allocations de chômage, des autres services de soutien solidaire et des minima sociaux). Ils relèvent de la compétence des *États* membres (et/ou des partenaires sociaux nationaux). À première vue, il n'est donc pas aisé d'associer les questions de protection sociale avec l'état actuel du droit communautaire. Depuis très longtemps, ce dernier a laissé aux États membres ce champ de compétences et les financements qui s'y rapportent, chacun sur son territoire national – mais, en même temps, sans préjudice d'un subtil système européen de coordination normative.

En bref, l'Union dispose de compétences en matière de *convergence sociale au niveau législatif*. Toutefois, il ne s'agit pas d'une responsabilité pour l'ensemble de la politique sociale. En conformité avec le principe fondamental d'attribution de l'Union[20], le droit primaire de l'Union européenne offre plutôt des compétences individuelles très différenciées et ce, selon les sujets, selon les instruments juridiques (règlements ou directives[21] ; directives avec prescriptions minimales[22] ou mesures à l'exclusion de toute harmonisation des dispositions législatives et réglementaires nationales[23]), selon

17. Sacha Garben, « Institutional Report », in Alexander Kornezov (dir.), *European Social Union*, *op. cit.*, p. 80-111, p. 83.
18. *Ibid.*, p. 83.
19. *Ibid.*, p. 83-84.
20. Voir article 5 par. 2 TUE.
21. Voir article 288 par. 2 et 3 TFUE.
22. Par exemple, dans certains objets de la politique sociale : article 153 par. 2 alinéa 1 lit. b TFUE.
23. Par exemple, dans certains objets de la politique sociale : article 153 par. 2 alinéa 1 lit. a TFUE ; ou encore dans certains domaines de la politique de santé : article 168 par. 5 TFUE.

les exigences de majorité au Conseil (unanimité[24] ou majorité qualifiée[25]) et selon le type de participation parlementaire (codécision[26] ou simple consultation[27]).

Trois compétences méritent en particulier d'être soulignées :

- D'une part, l'Union est autorisée à promouvoir l'uniformisation du curriculum des travailleurs migrants dans le droit social afin de faciliter la libre circulation des travailleurs sur le marché interne, c'est-à-dire à assurer non seulement la totalisation des périodes d'emploi ou assimilées prises en considération par les différentes législations nationales, notamment pour l'ouverture et le maintien du droit aux prestations, ainsi que pour le calcul de celles-ci, mais aussi le paiement des prestations aux personnes résidant sur les territoires des États membres (Article 48 TFUE).
- D'autre part, l'Union a le pouvoir d'arrêter des mesures relatives au *rapprochement* des dispositions législatives, réglementaires et administratives des États membres qui ont pour objet l'établissement et le fonctionnement du marché intérieur (Article 114 TFUE). L'objectif pertinent du droit social est l'élimination d'éventuelles barrières transnationales à l'accès à l'emploi, des discriminations et autres distorsions de concurrence qui pourraient résulter des différences de coût qui résultent de l'application du droit social dans les États membres.
- *Enfin*, l'Union est autorisée à *soutenir* et à *compléter l'action des États membres* dans des domaines spécifiques de la politique sociale (y compris, par exemple, l'amélioration du milieu de travail à des fins de protection de la santé et la sécurité des travailleurs, les conditions de travail, la sécurité sociale et la protection sociale des travailleurs, la protection des travailleurs en cas de résiliation du contrat de travail, etc. ; Article 153 TFUE). Pour *quels objectifs ?* Le traité vise notamment la promotion de l'emploi, l'amélioration des conditions de vie et de travail, permettant leur convergence dans le progrès et une protection sociale adéquate (Article 151 TFUE).

Quatrième question : Quel est le *degré de convergence de fait* que l'Union peut atteindre sur la base de ses compétences législatives en matière de politique sociale ?

Le degré de convergence de fait au sein des compétences de l'Union susmentionnées *dépend* notamment de *deux facteurs*, à savoir : la formation réussie de majorités politiques dans les institutions impliquées dans le processus législatif de l'Union et la loyauté effective des États membres dans leur mise en œuvre.

Quels en sont les exemples positifs ? Il est permis de citer à ce titre le règlement sur les travailleurs migrants[28] ainsi que plusieurs directives visant à harmoniser certains aspects du droit du travail, comme la directive sur le maintien des droits des travailleurs en cas de transfert d'entreprises[29] ; celle sur les licenciements collectifs[30] ; celle

24. Par exemple, dans le domaine des dispositions relatives aux droits et intérêts des travailleurs salariés : article 114 par. 2 TFUE et article 115 TFUE ; ou dans certains objets de la politique sociale : article 153 par. 2 alinéa 3 TFUE ; ou dans le domaine des dispositions touchant à l'harmonisation des législations nationales relatives aux taxes sur le chiffre d'affaires, aux droits d'accises et autres impôts indirects : article 113 TFUE.
25. Par exemple, dans certains objets de la politique sociale : article 153 par. 2 alinéa 2 TFUE.
26. Voir, par exemple, les domaines mentionnés dans la note 24.
27. Voir, par exemple, les domaines mentionnés dans la note 25.
28. Règlement (CE) 883/2004 du Parlement européen et du Conseil du 29 avril 2004, JO 2004 L 166/1.
29. Directive 2001/23/CE du Conseil du 12 mars 2001, JO L 82/16.
30. Directive 98/59/CE du Conseil du 20 juillet 1998, JO 1998 L 225/16.

se rapportant au détachement de travailleurs effectué dans le cadre d'une prestation de service dans un autre État membre[31] ; celle portant mise en œuvre du principe de l'égalité des chances et d'égalité de traitement entre les femmes et les hommes en matière d'emploi et de travail[32] ; celle relative à certains aspects de l'aménagement du temps de travail[33] ; celle sur le travail à temps partiel[34] ; celle sur le travail à durée déterminée[35] ; celle sur le travail intérimaire[36] ; ou encore, celle sur les travailleuses enceintes, accouchées ou allaitantes au travail[37]. L'interprétation de ces directives fait partie du travail quotidien des juridictions nationales et de la Cour européenne[38]. Ces exemples plaident en faveur d'une certaine convergence en matière de droit social.

Cependant, les réalisations législatives les plus récentes illustrent également les difficultés rencontrées pour parvenir à une convergence, ces difficultés étant notamment liées aux différences qui affectent les systèmes sociaux, les conceptions politiques et intérêts économiques des États membres. C'est le cas des directives sur l'équilibre entre vie professionnelle et vie privée des parents et des aidants[39], sur les conditions de travail transparentes et prévisibles[40] ou en faveur de salaires minimaux adéquats[41]. Bien qu'ils représentent des actes de rapprochement, le réel pouvoir de convergence de tels instruments semble limité. En raison de leurs dispositions abstraites et différenciées, ces textes laissent une grande marge de manœuvre aux États membres. La directive sur des salaires minimaux adéquats peut servir d'exemple. Son article 1er dispose que : « Conformément à l'article 153, paragraphe 5, du traité sur le fonctionnement de l'Union européenne, la présente directive est sans préjudice de la compétence des États membres en matière de fixation du niveau des salaires minimaux légaux, ainsi que du choix des États membres de fixer des salaires minimaux légaux, de promouvoir l'accès à une protection offerte par des salaires minimaux prévue par des conventions collectives, ou les deux. » L'article 5 sur la procédure de fixation de salaires minimaux légaux adéquats va dans le même sens : « Les États membres dans lesquels il existe des salaires minimaux légaux établissent les procédures nécessaires pour la fixation et l'actualisation de ces salaires. [...] Les critères nationaux [...] comprennent au moins les éléments suivants : a) le pouvoir d'achat des salaires minimaux légaux, compte tenu du coût de la vie ; b) le niveau général et la répartition des salaires ; c) le taux de croissance des salaires ; d) les niveaux et évolutions de la productivité nationale à long terme. » Ce type de dispositions crée une convergence de critères abstraits qui laisse une marge de manœuvre considérable aux États membres. Il s'agit d'une solution prudente. Elle vise à respecter les différents systèmes sociaux, conceptions politiques et réalités économiques présents dans chacun des États membres, tout en

31. Directive 96/71/CE du Parlement européen et du Conseil du 16 décembre 1996, JO 1997 L18/1.
32. Directive 2006/54/CE du Parlement européen et du Conseil du 5 juillet 2006, JO 2006 L 204/23.
33. Directive 2003/88/CE du Parlement européen et du Conseil du 4 novembre 2003, JO 2003 L 299/9.
34. Directive 97/81/CE du Conseil du 15 décembre 1997, JO 1997 L 14/9.
35. Directive 1999/70/CE du Conseil du 28 juin 1999, JO 1999 L 175/43.
36. Directive 2008/104/CE du Parlement européen et du Conseil du 19 novembre 2008, JO 2008 L327/9.
37. Directive 92/85/CEE du Conseil du 19 octobre 1992, JO 1992 L 348/1.
38. Voir, par exemple, Monika Schlachter/Hans Michael Heinig (dir.), *Europäisches Arbeits- und Sozialrecht*, 2e éd., Baden-Baden (Nomos) 2021.
39. Directive (UE) 2019/1158 du Parlement européen et du Conseil du 20 juin 2019, JO 2019 L 188/79 ; voir Sacha Garben (note 17), p. 86-87.
40. Directive (UE) 2019/1152 du Parlement et du Conseil du 20 juin 2019, JO 2019, L 186/105 ; voir Sacha Garben (note 17), p. 85-86.
41. Directive (UE) 2022/2041 du Parlement européen et du Conseil du 19 octobre 2022, JO L 275/33 ; voir Sacha Garben (note 17), p. 88-90.

définissant les critères de convergence à prendre en compte. Cette même solution devrait également être retenue pour la proposition actuelle d'une directive sur les conditions de travail via une plateforme[42].

Cinquième question : Quelle est la contribution des *droits sociaux de la Charte des droits fondamentaux* de l'Union à la convergence sociale – indépendamment des mesures politiques ?

Cet apport des droits sociaux individuels de la Charte dépend de leur capacité à être *directement applicables* par les juridictions nationales, à savoir sans qu'une mesure politique soit nécessaire. Cette propriété d'applicabilité directe dépend à son tour du fait que le droit en question est suffisamment clairement défini et inconditionnel. Or, selon la jurisprudence de la Cour européenne de justice, le nombre de dispositions issues de la Charte et disposant de cette qualité est limité.

À cet égard, la Charte peut induire les non-juristes en erreur. Bien sûr la Charte contient notamment un grand volet intitulé « Solidarité » (Articles 27 à 38 CDFUE). Ses 12 articles comportent le droit à l'information et à la consultation des travailleurs au sein de l'entreprise, le droit des négociations et d'actions collectives, le droit d'accès aux services de placement, la protection en cas de licenciement injustifié, le droit à des conditions de travail justes et équitables, l'interdiction du travail des enfants et la protection des jeunes au travail, la protection de la famille, le droit d'accès aux prestations de sécurité sociale et aux services sociaux, le droit d'accéder à la prévention en matière de santé et l'accès aux services d'intérêt économique général. Enfin, l'assurance d'un niveau élevé de protection de l'environnement et de protection des consommateurs y est également évoquée. C'est un nombre important de droits dits « fondamentaux ».

Mais bon nombre de ces dispositions sont formulées et conditionnées de sorte qu'il n'est pas clair qu'elles confèrent des droits subjectifs que la CJUE (ou le cas échéant, les juridictions nationales) doit faire respecter, ou qu'elles contiennent seulement un « principe » (Article 52 par. 5 CDFUE)[43], ou encore les deux à la fois. Cela s'applique en particulier à l'article sur la sécurité sociale et l'aide sociale (Article 34 CDFUE). Ces droits sont chacun conditionnés par la même formule, à savoir « selon les modalités établies par le droit de l'Union et les législations nationales et pratiques nationales[44] ». Les droits sociaux ainsi formulés concernent : (1.) le droit – reconnu et respecté par l'Union – « d'accès aux prestations de sécurité sociale et aux services sociaux assurant une protection dans des cas tels que la maternité, la maladie, les accidents du travail, la dépendance ou la vieillesse, ainsi qu'en cas de perte d'emploi » – cela implique que l'Union reconnaît et respecte ces droits selon les modalités mentionnées, mais en principe elle ne crée pas elle-même ces prestations[45], et le caractère de cette disposition (droit ou principe) est controversé dans la doctrine allemande[46] ; (2.) le droit de toute personne qui réside et se déplace légalement à

42. COM (2021)762 ; voir Sacha Garben (note 17), p. 91-94.
43. Voir, par exemple, sur l'applicabilité directe de l'article 37 (le droit à l'information et à la consultation des travailleurs au sein de l'entreprise entre particuliers rejeté par la CJUE, arrêt du 15 janvier 2014, *Association de médiation sociale*, C-176/12, pt. 51.
44. Voir Eva Kocher/Dominik Schmitz, « GRC Art. 34 », in Matthias Pechstein/Carsten Novak/Ulrich Häde (dir.), *Frankfurter Kommentar EUV – GRC – AEUV*, *op. cit.*, Rn. 7.
45. Voir *ibid.*, Rn. 6.
46. Voir *ibid.*, Rn. 9 Fn. 19.

l'intérieur de l'Union aux prestations de sécurité sociale et aux avantages sociaux – est reconnu comme un droit subjectif selon les modalités mentionnées dans la doctrine allemande[47] ; (3.) le droit à une aide sociale et à une aide au logement destinées à assurer une existence digne à tous ceux qui ne disposent pas de ressources suffisantes – peut-être compris par la CJUE uniquement comme un « principe » (mais sa formulation n'est pas claire[48]) et en tout cas, à nouveau, seule la formulation de la disposition selon laquelle l'Union reconnaît et respecte ce droit selon les modalités mentionnées, mais sans obligation concrète de garantir elle-même de telles aides sociales. Néanmoins, le respect de la dignité humaine et le fait de lui accorder un soutien solidaire restent le message principal.

Jusqu'à présent la Cour n'a admis que le droit à une période annuelle de congés payés comme ayant l'effet d'un droit subjectif directement applicable par une juridiction nationale (Article 31 par. 2 CDFUE)[49]. À ce titre, la France connaît actuellement un épisode qui illustre parfaitement l'influence si particulière qu'exerce le droit de l'Union. Après que la Cour de cassation eut prononcé la non-conformité des articles L 3141-3 et L 3141-5 du Code du travail français relatifs aux droits à des congés payés[50], le Conseil constitutionnel[51] et le Conseil d'État[52] ont également été saisis de cette question… de sorte qu'un projet de loi a été immédiatement soumis au Parlement français afin d'harmoniser le Code du travail en matière de congés payés avec le droit de l'Union[53]. De façon plus générale, il semble donc assez prévisible que de ses formulations et objectifs devrait découler la reconnaissance judiciaire d'autres dispositions du Titre IV de la Charte en tant que droits subjectifs et qui serait (le cas échéant) directement applicable par les juridictions nationales[54]. On peut ajouter le principe général d'égalité en droit (Article 20 CDFUE)[55], lequel a déjà été reconnu comme directement applicable, au même titre que le principe général de non-discrimination en raison de certaines qualités telles que le sexe, la race, la langue, la religion, etc. (Article 21 CDFUE)[56] ainsi que le droit à une rémunération égale des hommes et des femmes pour un même travail ou un travail de même valeur (Article 157 TFUE)[57].

---

47. Voir *ibid.*, Rn. 8.
48. CJUE, arrêt du 10 juin 2021, *Land Oberösterreich*, C-94/20, pt. 39.
49. CJUE, arrêt du 6 novembre 2018, *Stadt Wuppertal/Bauer et Willmeroth/Broßonn*, C-569/16 et C-570/16.
50. Cass. soc., 13 sept. 2023, pourvois n° 22-17.340, 22-17.341 et 22-17.342. – Voir également Cass. soc., 13 sept. 2023, pourvoi n° 22-17.638 et pourvoi n° 22-10.529.
51. Cons. const., 8 févr. 2024, Décision n° 2023-1079 QPC.
52. Conseil d'État, Avis n° 408112 portant sur la mise en conformité des dispositions du code du travail en matière d'acquisition de congés pendant les périodes d'arrêt maladie, séances des 7 et 11 mars 2024.
53. Voir l'amendement n° 44 du projet de loi portant diverses dispositions d'adaptation au droit de l'Union européenne en matière d'économie, de finances, de transition écologique, de droit pénal, de droit social et en matière agricole.
54. Cela vaut pour les articles 28, 29, 30, 31, 32 et 35 première phrase CDFUE ; voir notamment la justification dans la doctrine allemande, par exemple pour l'article 28 CDFUE : Eva Kocher, « GRC Art. 28 », in Matthias Pechstein/Carsten Novak/Ulrich Häde (Hrsg.), *Frankfurter Kommentar EUV – GRC – AEUV*, *op. cit.*, Rn. 7 ; voir pour l'article 29 CDFUE : Eva Kocher/Dominik Schmitz, « GRC Art. 29 », *op. cit.*, Rn. 5 ; ou encore pour l'article 30 CDFUE : Eva Kocher/Dominik Schmitz, « GRC Art. 30 », *op. cit.*, Rn. 6 ; pour l'ensemble de l'article 31 CDFUE : Eva Kocher/Dominik Schmitz, « GRC Art.31 », *op. cit.*, Rn. 8 ; pour l'article 32 CDFUE : Eva Kocher/DominikSchmitz, « GRC Art. 32 », *op. cit.*, Rn. 4 ; ainsi que pour l'article 35 première phrase CDFUE : Markus Krajewski, « GRC Art. 35 », *op. cit.*, Rn. 5.
55. Sebastian Heselhaus, « GRC Art. 20 », in Matthias Pechstein/Carsten Novak/Ulrich Häde (dir.), *Frankfurter Kommentar EUV – GRC – AEUV*, *op. cit.*, Rn. 13.
56. CJUE, arrêt du 17 avril 2018, *Egenberger*, C-414/16, pt. 82.
57. CJCE, arrêt du 8 avril 1974, *Defrenne*, 43/75, pt. 40.

Sixième question : Les *libertés fondamentales du marché intérieur* directement applicables favorisent-elles ou entravent-elles la convergence sociale des États membres ?

À première vue, on est enclin à répondre à cette question par l'affirmative et ce, dans les deux sens. D'abord, parce que les salariés bénéficient de l'interdiction fondamentale de toute discrimination exercée en raison de la nationalité ; ensuite, parce que l'égalité de traitement avec les ressortissants nationaux *n'entraîne pas une convergence* des droits sociaux entre les États membres. Cela s'applique également à la justification (rejetée par quelques économistes du libre-échange[58]) de l'obligation des entreprises prestataires de service de traiter les travailleurs détachés selon les règles de l'État d'accueil[59]. La convergence *ne peut être obtenue que par* une harmonisation *législative*.

Cependant, une *convergence* par le biais des libertés du marché intérieur *se produit* pour certaines mesures *syndicales* qui, par exemple, entravent la liberté de prestation de service d'une entreprise (par ex. le blocage d'un chantier de construction d'une entreprise lettone en Suède[60]) ou qui entravent la liberté de l'immatriculation d'un navire dans un autre État membre (par ex. l'appel au boycott lancé par un syndicat maritime international contre une compagnie finlandaise[61]). Dans tous ces cas, une *convergence* découle de l'exigence du droit du marché intérieur, en vertu du droit de justifier l'obstruction syndicale à la liberté du marché intérieur du point de vue de la proportionnalité.

Septième question : Quelle est la contribution de l'idée de *principes généraux* du droit de l'Union européenne à la convergence des droits sociaux ?

L'idée avancée ici est que des principes généraux du droit de l'Union seraient parfois une aide à l'action de la Cour de justice. Elle a ainsi été saisie dans des relations entre employeurs et employés alors qu'une disposition issue d'une directive européenne correspondante à la situation n'avait pas été transposée dans un État membre concerné : par exemple, l'interdiction d'une discrimination fondée sur l'âge[62] ou le droit aux congés annuels payés[63]. On peut toutefois se poser la question juridique de savoir s'il s'agit là de la meilleure façon de faire appliquer entre particuliers une disposition claire et inconditionnelle issue d'une directive, mais non transposée dans l'ordre juridique interne d'un État membre. La question qui se pose est alors évidente : pourquoi ne pas reconnaître son effet direct horizontal – contrairement à la jurisprudence actuelle de la CJUE[64] ? À mon avis, ce serait sous l'angle juridique une voie supplémentaire vers la convergence sociale progressive entre les États membres.

Conclusion générale

L'ensemble de ces considérations prises montrent qu'on aurait tort d'affirmer que le droit social et la politique sociale de l'Union européenne ne favorisent pas la convergence sociale dans l'Union sur le plan normatif. On y trouve des compétences

58. Voir *supra* note 13.
59. Voir *supra* note 14.
60. CJUE, arrêt du 18 décembre 2007, *Laval un Partneri*, C-341/05, pt. 111 et 120.
61. CJUE, arrêt du 11 décembre 2007, *Viking*, C-438/05, pt. 74 et 90.
62. CJUE, arrêt du 22 novembre 2005, *Mangold*, C-144/04, pt. 75.
63. CJUE (voir *supra* note 49), pt. 83.
64. Voir, par exemple, CJUE, arrêt du 14 juillet 1994, *Faccini Dori*, C-91/92, pt. 30.

constitutionnelles de l'Union européenne : à promouvoir l'uniformisation du curriculum des travailleurs migrants dans le droit social ; à éliminer d'éventuelles barrières nationales à l'accès à l'emploi, des discriminations et distorsions de concurrence qui pourraient résulter des différents coûts du droit social dans les États membres (par voie de son rapprochement dans l'intérêt du fonctionnement du marché intérieur) ; ainsi qu'à soutenir et à compléter l'action des États membres dans des domaines spécifiques de la politique sociale (par exemple dans les domaines de l'amélioration du milieu de travail pour protéger la santé et la sécurité des travailleurs, des conditions de travail, de la sécurité sociale et de la protection des travailleurs en cas de résiliation du contrat de travail, de l'information et la consultation des travailleurs ou de la représentation et la défense collective des intérêts des travailleurs et des employeurs). On y trouve également une multitude de législations pertinentes de l'Union. Cependant, on ne sait toujours pas clairement dans quelle mesure la jurisprudence fondée sur les droits sociaux de la Charte des droits fondamentaux peut contribuer au développement de la convergence sociale dans l'Union européenne.

Sandrine Gaudin*

L'Europe sociale, une politique d'avenir

L'Europe sociale, un approfondissement progressif au fil de la construction européenne et notamment à la faveur des crises

Dès 1957, le Traité de Rome prévoit, afin d'assurer le progrès économique et social des Européens, la création du Fonds social européen pour financer initialement la reconversion des travailleurs et leurs mobilités entre les États membres. Lors de la crise énergétique des années 1970, les États membres adoptent un plan d'action sociale pour réguler les restructurations d'entreprises, pour protéger la santé et la sécurité des travailleurs et pour assurer l'égalité hommes-femmes, principe qui est inscrit parmi les droits et les valeurs protégés par les Traités. C'est néanmoins la Commission Delors (1985-1995) qui amplifie l'action européenne en matière sociale et met en place le dialogue social européen avec les rencontres de Val Duchesse, contribuant ainsi à la formation de structures européennes de dialogue social.

Dans les années 1980, la lutte contre le chômage devient une priorité collective et l'Acte unique européen de 1986 ouvre la voie à de nouveaux outils, notamment le programme européen d'aide aux plus démunis, essentiel en France pour le bon fonctionnement de nombreuses associations caritatives dont les Restos du Cœur. Le Traité d'Amsterdam signé en 1997 consacre un chapitre à la politique de l'emploi et pose le principe d'une stratégie européenne de l'emploi concrétisée via une coordination des politiques nationales à l'image de ce qui est prévu en matière de coordination des politiques économiques. Désormais, chaque programme national de réforme présenté tous les ans par tous les États membres en vue d'assurer cette coordination doit détailler les politiques de l'emploi et les politiques sociales développées au niveau national.

En 2017, un sommet social réunissant les chefs d'État ou de gouvernement et les partenaires sociaux européens est organisé à Göteborg et adopte le socle européen des droits sociaux qui comprend 20 principes sociaux vers lesquels l'Europe doit tendre. En 2021, à Porto, un autre sommet social important adopte trois objectifs pour 2030 : un emploi pour au moins 78 % des 20-64 ans ; une participation à des

* Vice-gouverneure de la Banque de développement du Conseil de l'Europe, chargée de la stratégie financière.

activités de formation pour au moins 60 % des adultes chaque année ; une réduction d'au minimum 15 millions le nombre de personnes menacées de pauvreté ou d'exclusion sociale.

La pandémie du COVID en 2020 a donné l'occasion à l'UE de faire un bond en avant dans la mutualisation de la gestion des conséquences du chômage, à travers le mécanisme d'emprunt commun SURE, qui permet de financer des mesures de sauvegarde de l'emploi et les régimes de chômage partiel. Le plan de relance *Next Generation EU*, doté de 750 milliards de subventions et de prêts aux États membres, financé par un emprunt commun pour la première fois, prévoit un volet important pour le financement de mesures liées à la résilience sociale, à la cohésion sociale et à la formation professionnelle. L'histoire retiendra que ce saut fédéral a été réalisé pour assurer la cohésion sociale en pleine pandémie.

Une réglementation européenne étoffée pour couvrir aujourd'hui une grande variété de domaines

Le corpus des réglementations sociales européennes est étoffé, même si le plus souvent il s'agit de textes d'harmonisation minimale, laissant une très large latitude aux États dans la mise en œuvre : temps de travail, conditions de travail, hygiène et sécurité au travail, coordination des régimes de sécurité sociale, le détachement des travailleurs, accessibilité des produits et des services pour les personnes en situation de handicap…

Sous l'impulsion des présidences semestrielles du Conseil de l'UE, l'Europe sociale progresse si des priorités claires sont affichées, ce qui n'est pas systématique. Ainsi, lors de la présidence française du Conseil de l'UE au premier semestre 2022, trois grandes négociations ont abouti : l'instauration de salaires minimums en Europe, l'égalité femmes/hommes dans les conseils d'administration, la transparence salariale. En 2023, la présidence espagnole a organisé un sommet tripartite entre l'UE et les partenaires sociaux le 25 octobre 2023 afin de souligner que le développement d'une politique industrielle européenne devait s'accompagner d'un volet social au profit des travailleurs. De même en 2024, la présidence belge a souhaité renouer avec la tradition des rencontres à Val Duchesse et a tenu un sommet tripartite à La Hulpe les 15 et 16 avril 2024. Une déclaration importante sur l'avenir de l'Europe sociale, se référant au socle européen des droits sociaux, a été adoptée à l'unanimité moins deux États, Suède et Autriche qui estiment que le renforcement d'une Europe sociale peut porter préjudice à leur modèle social national.

Récemment, en fin de mandature du Parlement européen au printemps 2024, plusieurs avancées sociales sont à souligner : la reconnaissance des personnes en situation de handicap, l'égalité de traitement entre les hommes et les femmes, le statut des travailleurs des plates-formes numériques, le devoir de vigilance imposée aux entreprises afin qu'elles respectent les droits sociaux y compris dans leurs relations avec leurs sous-traitants hors de l'UE.

Une palette d'instruments financiers d'un montant global non négligeable pour une compétence européenne dite d'appui

Le budget de l'UE (2020-2027) prévoit d'importants montants pour financer les dépenses sociales ou de formation professionnelle dans l'UE. Le Fonds social européen, l'un des instruments les plus anciens, est doté de 88 milliards pour sept ans, dont 6,7 milliards sont affectés à la France. Il faut y ajouter les dépenses de reconversion professionnelle prévues dans le nouveau Fonds de transition juste et les fonds ad hoc, comme, par exemple, ceux portant sur la protection des réfugiés ou l'aide aux plus démunis. En plus de ces financements destinés directement à des besoins sociaux, il faut ajouter les fonds destinés aux pays candidats à l'entrée dans l'UE, les fonds de la politique de voisinage et les fonds de pré-adhésion qui comportent tous un volet social. Il est difficile d'établir un montant global des financements de l'UE dans le domaine social mais on doit pouvoir dire que les interventions financières de l'UE sont loin d'être négligeables alors que la compétence européenne dans ce domaine n'est qu'une compétence d'appui aux politiques nationales.

Une intervention concomitante et complémentaire par l'instrument financier du Conseil de l'Europe, la CEB

La Banque de développement du Conseil de l'Europe ou CEB (pour Council of Europe Dévelopment Bank), qui coopère de manière croissante avec de nombreuses organisations internationales et avec les autres banques internationales de développement est l'un des partenaires naturels de l'UE. Avec la Commission européenne, qui est le principal donateur de la CEB, la coopération ne cesse de s'intensifier. La CEB s'appuie sur les subventions de la Commission pour financer de l'assistance technique et fournir des aides à l'investissement destinées aux projets de la Banque notamment en panachant prêts et dons. Mais la CEB peut aussi cofinancer des projets avec la Banque européenne d'investissement (BEI), dont le mandat est plus orienté vers le climat. 25 % des interventions de la CEB sont faites en partenariat avec la BEI, dans les domaines de l'éducation, les infrastructures locales, l'efficacité énergétique et les transports locaux.

La CEB occupe désormais une place importante dans l'architecture financière du développement européen en s'appuyant sur la palette d'instruments prévus par le budget de l'UE. Depuis 2000, date à laquelle le premier accord contractuel a été conclu, la Commission a contribué à hauteur de 699 millions d'euros, soit 75 % du total des dons reçus par la CEB. Le fort effet de levier exercé, c'est-à-dire le rapport élevé entre les contributions de l'UE et les projets soutenus par ces fonds témoigne de l'impact positif de la coopération entre la Commission et la CEB. À ce jour, la valeur totale des projets de la CEB qui ont bénéficié de dons de l'UE s'élève à 2,9 milliards d'euros.

Ces fonds peuvent être directs (attribués par différentes directions générales de la Commission, comme la Direction générale de l'Emploi ou la Direction générale des affaires intérieures ou la Direction générale en charge du voisinage) ou indirects, c'est-à-dire qu'ils transitent par des mécanismes ou des plates-formes régionales spécifiques. Le meilleur exemple est le cadre d'investissement en faveur des Balkans occidentaux (WBIF) créé en 2008 et qui a permis à la CEB de piloter un programme régional de logement au profit des personnes déplacées durant la guerre en Ex Yougoslavie, en liaison avec le HCR, l'ONU et l'OSCE. Aujourd'hui, près de 36 000 personnes ont pu en bénéficier pour un montant total de 238 millions d'euros finançant près de 11 300 logements.

En 2016, pour aider la Turquie à répondre aux besoins des réfugiés de Syrie, la Commission a créé la facilité pour les réfugiés en Turquie (FriT) et l'a dotée de 6 milliards d'euros. La CEB gère deux projets visant à améliorer les soins de santé pour les réfugiés et pour les communautés d'accueil pour un montant de 140 millions.

La CEB s'appuie aussi sur les facilités de garantie budgétaire prévues par l'instrument Invest EU lancé en mars 2021 pour stimuler l'investissement durable, l'innovation et l'emploi en Europe, en élargissant les possibilités du Plan Juncker. Environ 3 milliards de cet instrument doté de 46 milliards sont orientés vers des investissements sociaux. Cette garantie permet à la CEB de diversifier les partenaires bénéficiaires (pas seulement des gouvernements ou des collectivités publiques, mais aussi des fondations, des coopératives et des associations) et de prendre plus de risques, par exemple en finançant des acteurs de la microfinance ou de l'économie sociale et solidaire. Avec 159 millions de garanties de l'UE, la CEB a pu démarrer en 2023 un programme comportant un portefeuille de prêts de 370 millions en faveur du logement social, la formation et la microfinance. Au total, 740 millions d'euros d'investissements seront assurés en cofinancement avec l'UE. Ainsi, la CEB a accordé un prêt de 13,5 millions d'euros à la Fondation des apprentis d'Auteuil en France en 2023.

Concernant l'Ukraine, pays candidat à l'UE et membre du Conseil de l'Europe et de la CEB, le nouvel instrument de financement européen pour l'Ukraine a été adopté au printemps 2024 et il s'élève au total à 50 milliards d'euros, la CEB est éligible au pilier 2 qui va permettre de soutenir les investissements privés et publics des banques de développement en dons (1,5 milliard d'euros) et en garanties (7,8 milliards d'euros) notamment pour des projets sociaux, d'éducation, de logement ou de santé. Le recours à cette nouvelle facilité financière va amplifier les efforts de la CEB en faveur de l'Ukraine (à ce jour, 100 millions de prêts dans le domaine de la santé, notamment la santé mentale, et 2 millions de dons pour le soutien à des petites réparations des logements endommagés).

Beaucoup de politiques de l'UE (transition climatique, transition numérique, cohésion sociale, lutte contre le sans-abrisme, accueil des migrants et des réfugiés, assistance aux pays candidats, soutien en cas de catastrophes naturelles, soutien à la résilience et à la reconstruction de l'Ukraine...) entrent en résonance avec le mandat de la CEB.

L'expertise de la CEB est précieuse pour prolonger l'action de l'UE, pour contribuer à donner une valeur ajoutée à des financements de l'UE ou pour intervenir dans des domaines où l'UE n'est que peu présente à ce jour, comme par exemple le financement du logement social.

La CEB, même si elle cible ses financements dans un certain nombre d'États-membres dont les besoins de développement sont les plus élevés (Europe centrale et du Sud notamment), intervient dans tous les États membres de la CEB. Et le logement social fait partie de ses priorités depuis de longues années. Ainsi la CEB a financé plusieurs programmes de logement social pour des personnes à faible revenu en Basse-Saxe en 2017 (prêt de 72 millions d'euros à la NBank), en 2019 dans le Brandenbourg pour financer des infrastructures sociales et municipales ainsi que des logements sociaux destinés à des populations vulnérables, tels que les migrants et les réfugiés, les personnes handicapées, les personnes âgées et les familles avec de jeunes enfants (prêt de 150 millions d'euros à la LBBank). En 2024, un prêt de 100 millions d'euros de la CEB permettra de soutenir l'expansion des services de la plus grande société municipale de logement berlinoise, HOWOGE Wohnungsbaugesellschaft mbH, afin de fournir 1 394 logements sociaux abordables et modernes supplémentaires dans le cadre de sa nouvelle initiative de construction. En France, la CEB s'appuie sur sa coopération ancienne avec la Caisse des dépôts et consignations (CDC), et notamment sa filiale ADOMA, sa filiale opérateur de logement pour les personnes en situation de précarité pour contribuer au financement du logement des plus vulnérables.

L'annonce de la présidente de la Commission nouvellement élue, Mme von der Leyen, le 18 juillet dernier visant à désigner un Commissaire en charge des questions de logement est une nouvelle orientation importante pour l'UE et une nouvelle opportunité de coopération entre l'UE et la CEB.

Comme cela a été rappelé à Vilnius en juin dernier lors de la célébration des 25 ans de la Charte sociale européenne du Conseil de l'Europe, le rôle de la CEB est essentiel pour opérationnaliser et concrétiser des droits sociaux élémentaires dont jouissent les Européens en vertu des traités sur l'Union européenne ou en vertu de la charte sociale européenne du Conseil de l'Europe comme par exemple, le droit à l'éducation, le droit à la santé, le droit au logement, le droit à un accès à l'eau potable.

L'Europe sociale repose sur un socle de droits sociaux uniques dans le monde et effectifs grâce à l'action collective. C'est en effet la combinaison harmonieuse de politiques publiques et de moyens nationaux, d'instruments financiers de l'UE (Commission et Banque européenne d'investissement) et de la CEB, mais aussi l'impulsion de la société civile et des partenaires sociaux, qui favorisent le progrès social en Europe avec une ambition et des moyens inégalés comparés au reste du monde.

Laurent Cappelletti*,
Mélinda Chehimi**

La standardisation de la RSE, une voie nouvelle de dynamisation des politiques sociales de l'Union européenne

Contrairement sans doute aux idées reçues, il n'est pas faux de dire que l'Union européenne (UE) dispose d'une politique sociale commune, même si celle-ci est plus limitée et éparse que d'autres domaines d'intégration européenne comme le marché unique ou la politique monétaire. Les principales composantes qui forgent la politique sociale de l'UE incluent ainsi, en particulier :

- Des directives sur le temps de travail, la santé et la sécurité au travail, ainsi que les droits des travailleurs et des directives pour lutter contre la discrimination au travail fondée sur le sexe, la race, l'origine ethnique, le handicap, l'âge et l'orientation sexuelle.
- L'UE encourage périodiquement les États membres à moderniser leurs systèmes de protection sociale, à lutter contre la pauvreté et l'exclusion sociale et à promouvoir l'inclusion sociale. Elle promeut aussi le dialogue social entre les employeurs et les syndicats au niveau européen pour négocier les questions sociales et économiques. Elle facilite également la libre circulation des travailleurs à travers ses États membres, garantissant des droits de sécurité sociale pour les travailleurs migrants.
- Bien que les politiques d'emploi relèvent principalement de la compétence des États membres, l'UE joue un rôle de coordination et de soutien, notamment à travers la stratégie européenne pour l'emploi et des initiatives comme le Fonds social européen (FSE).
- Au travers de programmes de financement, l'UE finance divers programmes et initiatives pour promouvoir l'emploi, l'inclusion sociale et l'amélioration des conditions de travail.

Ces éléments sont inscrits dans les traités et les actes législatifs de l'UE, comme le Traité de Lisbonne, et sont soutenus par la Commission européenne, le Parlement européen et le Conseil de l'Union européenne (Commission européenne, 2022 ; Lay-Kumar *et al.*, 2023 ; Cappelletti, 2023 ; Cappelletti *et al.*, 2024b).

Néanmoins, il est vrai qu'une politique sociale européenne d'un seul bloc homogène, à la manière de la politique monétaire de l'UE ou de sa politique agricole commune,

* Professeur CNAM Paris, Lirsa-Iséor
** Professeur Montpellier Business School

n'existe pas formellement. Chaque État membre tient en effet à conserver sa propre compétence sur des questions touchant au social et à l'économique, au fond à ce qui se joue dans ses entreprises et ses organisations et dans le monde du travail, et qui sont autant de sujets sensibles pour les populations nationales et leur souveraineté. Aussi plutôt que de chercher une impossible communautarisation complète des politiques sociales de ses États membres, l'UE a-t-elle privilégié une voie plus douce de progrès social au travers de la standardisation des reportings de RSE (Responsabilité sociale des entreprises) et de développement durable des entreprises, RSE et développement durable fondant ce qu'il est désormais convenu d'appeler « la durabilité » d'une organisation (« *sustainability* » en anglais). Cette standardisation des rapports annuels de durabilité devient en effet obligatoire à partir de 2024 pour toutes les entreprises de l'UE de plus de 500 personnes puis, rapidement, de plus de 250 personnes et pour les entreprises plus petites cotées, soit au moins 50 000 entreprises concernées par la directive CSRD (*Corporate Sustainability Reporting Directive*) de 2023. L'objectif de l'UE au travers de cette standardisation est de créer du progrès social et environnemental via l'obligation pour les entreprises de comptabiliser et de publier annuellement leurs résultats extra financiers sociaux et environnementaux et de les faire certifier par un commissaire aux comptes, au même titre que leurs résultats financiers. L'UE suit en cela le principe « *Say and Shame* » selon lequel les entreprises dont les résultats seraient peu convaincants en termes de durabilité, à tout le moins qui ne progresseraient pas d'une année à l'autre sur le sujet, seraient sanctionnées par leurs parties prenantes. En particulier par leurs clients, d'où des pertes potentielles de recettes, par leurs actionnaires et banquiers, d'où des freins potentiels pour investir et par leurs ressources humaines, d'où des difficultés pour les recruter et les fidéliser. Selon le principe « *Say and Shame* », l'obligation imposée par la CSRD de comptabiliser et publier les résultats en matière sociale et environnementale devrait inciter fortement les entreprises européennes à faire des progrès réguliers en ces domaines. Au fond pour l'UE il s'agit désormais de créer du progrès social moins de façon classique – déductive et « *top down* », c'est-à-dire du « haut vers le bas » – que de façon nouvelle – inductive et « *bottom up* », du bas vers le haut – via les entreprises en standardisant leur reporting de durabilité. Aussi ce qui se joue avec la directive CSRD peut apparaître comme une véritable révolution dans la façon de fabriquer du progrès social. D'autant que les autres grands espaces économiques concurrents de l'UE – États-Unis et Chine notamment – ne semblent pas vouloir s'engager aussi nettement sur cette voie des reportings extra financiers obligatoires pour leurs entreprises. La comptabilisation extra financière, celle du social et de l'environnemental, devient ainsi en 2024 l'apanage de l'UE, États-Unis et Chine s'en tenant à l'obligation classique pour leurs entreprises de tenir une comptabilité financière en allant beaucoup moins loin dans la comptabilisation de l'extra financier. Par ailleurs, cette révolution est soutenue dans les pays de l'UE par l'apparition du statut des sociétés à mission sur lequel la France est motrice et dont la raison d'être n'est plus seulement le profit financier mais aussi le bénéfice social et environnemental de leurs activités pour la Société. Un cas emblématique de société traditionnelle devenue société à mission étant celui de Danone en France. Ce modèle des entreprises à mission contribue grandement aux progrès sociaux et environnementaux des entreprises et il apparaît dès lors comme un levier puissant de réussite de la CSRD (Cappelletti, 2023 ; Trébucq et Demersseman, 2023 ; Cappelletti *et al.*, 2024b).

Pour éclairer cette révolution au sein de l'UE dans la fabrique du progrès social par la standardisation de la durabilité, la contribution présente tout d'abord les origines conceptuelles de la durabilité – RSE et développement durable – et de sa standardisation, ainsi que les éléments centraux de cette standardisation à l'échelle européenne au travers de la directive CSRD. Puis il décrit le modèle des entreprises à mission qui s'inscrit parfaitement dans le paradigme CSRD et dans la stratégie européenne de promotion de la RSE et de sa standardisation pour créer des progrès sociaux et sociétaux en partant des entreprises.

Les fondements conceptuels de la durabilité et de sa comptabilisation

Les réflexions sur ce qu'est la RSE et le développement durable, sur la façon dont les entreprises pourraient chercher à progresser en ces domaines au-delà du seul domaine financier, et partant sur les méthodes pour les comptabiliser sont connues sous le nom d'approche *True Cost Accounting* (TCA). La directive européenne CSRD de 2023 s'inscrit conceptuellement dans cette approche qui s'est construite depuis la fin des années 1960 au travers de travaux menés pour concilier l'économique avec le social et l'environnemental comme ceux de Sir Partha Dasgupta (1968, 2001), Ignacy Sachs (1998), Stefan Ambec et Paul Lanoie (2008) et Karl-Göran Mäler (2013), ou bien ceux d'institutions telles que le Global Reporting Initiative (GRI), le Sustainability Accounting Standards Board (SASB) et, bien sûr, l'UE. Ces travaux fondateurs ont conduit à une approche TCA qui propose des concepts pour une évaluation plus holistique des activités économiques et une meilleure compréhension des liens entre l'économie, l'environnement et la société (Riemer *et al.*, 2023).

La mesure de l'impact des activités des entreprises sur la Société

L'approche TCA s'est structurée à partir de l'observation des externalités des organisations qui peuvent avoir un impact significatif sur leurs performances financières et leur durabilité (Baumuller et Sopp, 2022 ; Cappelletti *et al.*, 2023a). Par exemple, une entreprise qui pollue l'environnement peut être confrontée à des amendes, à des atteintes à sa réputation et à une augmentation des coûts de mise en conformité, ce qui peut avoir un impact sur sa performance financière. À l'inverse, une entreprise qui investit dans des pratiques durables de ses salariés peut bénéficier d'une fidélité accrue des clients, d'une réduction des risques réglementaires et faire des économies de coûts à long terme (Whelan et Fink, 2016 ; Henisz *et al.*, 2019). Au-delà les investisseurs, les contributeurs de l'approche TCA ont également observé que l'ensemble des parties prenantes d'une organisation avaient de fortes attentes concernant les transitions sociales et environnementales. Les clients, les employés, les fournisseurs, les gouvernements et la Société dans son ensemble évoluent, obligeant les entreprises à mesurer leur valeur de manière plus globale en intégrant les dimensions sociales, sociétales et environnementales (Walkiewicz *et al.*, 2021 ; Michalke *et al.*, 2022). Or les systèmes comptables et financiers traditionnels des entreprises ne sont pas bien équipés pour faire face à la « transition de la mesure » du visible vers le caché qu'imposent les transitions sociales et environnementales à l'œuvre (Déjean, 2021 ; Savall et Zardet, 2021). Les normes comptables et de reporting financier classiques ne sont pas non plus capables d'éclairer et de soutenir cette transition, omettant des informations cruciales sur les impacts, les risques et la valeur de l'entreprise au-delà de son capital financier (McGreevy *et al.*, 2022 ; Naro et Rambaud, 2023). D'où la nécessité d'une réforme des normes internationales et nationales de comptabilité et de reporting et d'un cadre conceptuel TCA pour aider les entreprises à mieux saisir les impacts sociaux et environnementaux de leurs activités et progresser en ces domaines. En mesurant mieux les coûts-performances cachés des activités humaines organisées (« cachées » dans le sens occultées par les systèmes comptables et financiers classiques), la TCA cherche à donner aux entreprises et à ses parties prenantes une connaissance plus complète de l'impact de ses décisions (Baker *et al.*, 2020 ; Impact Institute, 2023). Car la valorisation et la monétisation fournies par la TCA doivent constituer une étape essentielle dans l'intégration de la durabilité dans les processus de gestion et de reporting, influencer les décisions des investisseurs et des parties prenantes ainsi que mobiliser des ressources financières vers la durabilité (Riemer *et al.*, 2023). À noter que le terme de « comptabilité réelle » qui est la traduction littérale de True Cost Accounting n'est pas exclusif et d'autres acteurs institutionnels utilisent celui « d'évaluation/gestion de l'impact » ou « d'approche fondée sur les capitaux » pour signifier la même chose. En effet, les différents capitaux – capital naturel, capital social, capital humain et capital financier – constituent pour l'approche TCA le fondement des activités humaines organisées. En comprenant comment les organisations impactent et dépendent de ces capitaux, les décideurs politiques, la société civile, les consommateurs et les entreprises pourront prendre des décisions plus globales redéfinissant la valeur fournie par la nature, les personnes et les entreprises (UNEP, Capitals Coalition et Global Alliance for the Future of Food, 2021, p. 5).

La fabrique de reportings de durabilité en approche TCA

Les réflexions sur l'approche TCA ont conduit ses concepteurs à une nouvelle définition de la performance des entreprises, la performance globale, qui tient compte des impacts sur le capital financier ainsi que sur le capital naturel et le capital humain (True Cost Initiative, 2022). Cette nouvelle définition s'est incarnée dans les progrès réalisés dans le développement de l'évaluation d'impact et du reporting intégré qui permettent une vision plus complète des externalités des entreprises. En effet la demande d'internalisation des externalités nécessitait un mécanisme équivalent de comptabilité et de gestion des externalités pour soutenir l'intégration de l'évaluation d'impact et du reporting intégré dans les entreprises (Riemer *et al.*, 2023). Une condition préalable à une telle comptabilité étant une méthodologie permettant de quantifier et d'évaluer diverses externalités. En ce sens, une série d'initiatives d'application de la TCA se sont succédé ces dix dernières années. Il s'agit notamment d'initiatives qui visent à intégrer des facteurs pertinents pour différents objectifs nationaux, supranationaux et internationaux. Par exemple, les objectifs de développement durable des Nations Unies (ODD), la taxonomie de l'Union européenne (UE) et la directive européenne sur les rapports de durabilité (CSRD) dans l'évaluation des performances et la comptabilité (Commission européenne, 2022 ; Lay-Kumar *et al.*, 2023). Autre exemple dans le domaine de l'action climatique, l'initiative Science Based Targets (SBTi) propose aux entreprises des voies personnalisées pour atteindre les objectifs de l'Accord de Paris.

Nonobstant, c'est l'approche TCA qui a influencé la conception des deux grandes familles de normes de reporting de durabilité qui co-existent dans le monde, celle « timide » de la Fondation des normes internationales d'information financière (IFRS) d'origine anglosaxonne, et celle beaucoup plus aboutie de la CSRD de l'UE (Kadija, 2022 ; Commission européenne, 2022 ; Tondeur, 2024). Nous y revenons dans le prochain paragraphe.

Selon les promoteurs de l'approche TCA au-delà des normalisations IFRS et CSRD il existe aujourd'hui plusieurs points d'entrée dans un rapport annuel où l'approche peut déjà améliorer la portée des informations (Negash, 2012). Par exemple pour le rapport de gestion, la double matérialité des indicateurs TCA en fait des éléments essentiels de la valeur de l'entreprise et de la divulgation d'informations en matière de durabilité. Ces indicateurs mettent en évidence des problèmes de durabilité qui sont financièrement significatifs et susceptibles d'avoir un impact sur le bilan et le compte de résultat à l'avenir, par exemple en raison de prix d'achat plus élevés, de provisions pour risques et coûts de remise en état d'un site, de dépréciations ou d'investissements nécessaires. Par conséquent, les indicateurs TCA devraient – ou, selon les réglementations, devront – être rapportés dans le rapport annuel d'une entreprise (Capitals Coalition, 2021). Pour le compte de résultats, l'approche TCA peut également être utilisée pour développer un compte de résultats intégré (IP&L). L'IP&L offre une vue plus complète de la valeur créée par une entreprise sur les quatre grands types de capitaux (financier, humain, social et naturel) et permet une plus grande comparabilité avec les données financières ou économiques grâce à la monétisation (Natura et Valuing Impact, 2022). L'IP&L permet ainsi de mieux apprécier la durabilité d'une entreprise.

La directive CSRD : une standardisation pour créer du progrès social et environnemental dans l'UE

La normalisation des reportings de durabilité à l'œuvre aujourd'hui dans le monde, celle timide de l'IFRS d'origine anglosaxonne (avec les normes IFRS-S) comme celle de la CRSD d'origine européenne (avec normes ESRS) est imprégnée à des degrés divers par l'approche TCA. De façon partielle pour les normes IFRS-S pour qui la primauté doit rester aux résultats financiers (d'où sa dénomination de comptabilité en simple matérialité) et plus complètement pour les normes ESRS pour lesquelles les résultats extra financiers deviennent aussi importants que ceux financiers (d'où sa dénomination de comptabilité en double matérialité). Les deux cadres normatifs proposent une incarnation de l'approche TCA et d'une certaine conception de la mesure des coûts-performances cachées des activités humaines organisées propice à de premières réflexions sur les transitions qu'elles appellent. Tout d'abord une transition conceptuelle sauf à dire que la mesure de la durabilité, c'est-à-dire la mesure du caché obéirait au même cadre conceptuel que celle classique financière du visible. Ensuite une transition en matière de gestion des normes par les organisations sauf à dire que la production de standards entraîne mécaniquement les progrès que l'on en attend.

La transition conceptuelle suscitée par la CSRD

En matière de normalisation des reportings de durabilité qui mettent en jeu des mesures des impacts sociaux et environnementaux des activités humaines organisées, deux conceptions sont en présence dans le monde. Celle de l'IFRS d'inspiration anglosaxonne et celle de la CRSD de l'UE dont l'acte délégué publié le 31 juillet 2023 introduit le concept de double matérialité qui correspond à la conjonction entre deux types de matérialité (Tondeur, 2024) :

- La matérialité financière (dite aussi matérialité simple) qui correspond à l'impact de l'environnement économique, social et naturel sur la performance financière de l'entreprise et qui vise l'information des investisseurs. C'est la définition de la matérialité retenue dans la normalisation de la durabilité IFRS.

– La matérialité d'impact (dite aussi double matérialité) qui correspond à l'impact des activités de l'entreprise sur son environnement économique, social et naturel et qui vise l'information de toutes les parties prenantes. C'est la définition retenue dans la normalisation de la durabilité européenne (CSRD).

Souvent qualifiée d'avancée majeure en vue de renforcer la transparence sur l'impact réel des entreprises, l'application de la double matérialité aux entreprises européennes de plus de 500 salariés en 2024, puis de plus de 250 en 2025 (soit 50 000 entreprises concernées et probablement beaucoup plus si l'on intègre les TPE-PME des filières clients–fournisseurs de ces entreprises) constitue un préalable nécessaire à l'alignement des entreprises sur les objectifs de l'Accord de Paris. Ainsi les normes ESRS de la CSRD visent à informer toutes les parties prenantes, y compris les ONG et le grand public, et suivent le principe de double matérialité, prenant en compte les enjeux environnementaux et sociaux. Les normes ESRS alignent en quelque sorte la durabilité sur les rapports financiers, élevant progressivement les données sur la durabilité à parité avec les données financières (Commission européenne, 2022 ; Riemer *et al.*, 2023 ; Tondeur, 2024). C'est en ce sens une révolution comptable et financière.

La normalisation des reportings de durabilité de la CSRD européenne est ainsi beaucoup plus ambitieuse que celle proposée par l'IFRS en termes d'incarnation de l'approche TCA, et partant plus prometteuse en termes de progrès sociaux, cela en raison du principe qu'elle retient de double matérialité. Tout d'abord on peut voir dans l'adoption de ce principe une réponse au « désencastrement de l'économique du social » dénoncée par Karl Polanyi et qu'illustrerait la comptabilité classique en omettant le social et l'environnemental (Colasse, 1980 ; Leca et Richard, 2023). Par exemple la norme ESRS – S1 de la CSRD portent sur les indicateurs de capital humain de l'entreprise comme les conditions de travail, les rémunérations, la communication, la formation professionnelle. D'une part, elle ouvre la voie à une comptabilisation extra financière du capital humain, à sa valorisation dans les reportings de durabilité. Ainsi, sur l'indicateur de formation professionnelle, l'entreprise pourra produire des données qualitatives et quantitatives pour valoriser ces efforts d'investissements en la matière. Voire même, rien ne l'interdira, des indicateurs économiques sur le retour financier de cet investissement à partir d'une mesure de la réduction des coûts cachés qu'il a provoqué (réduction des surtemps et des défauts de qualité des produits et des services notamment) (Cappelletti, 2022). D'autre part, elle ouvre la voie à des progrès en matière de capital humain puisque cette comptabilisation est destinée à être rapportée annuellement, après certification d'un commissaire aux comptes, aux parties prenantes de l'entreprise dont l'attente porte précisément sur des améliorations graduelles en ce domaine.

Néanmoins, il ne faut cacher non plus que la normalisation CSRD fait l'objet de critiques. D'un côté, Emmanuel Faber l'ancien directeur général de Danone et qui conseille désormais l'IFRS la juge « illusoire », estimant que les mesures des impacts des activités organisées sur l'environnement ne pourront pas être exactes vu l'infinitude de l'environnement, ni traçables dans leurs liens avec les performances financières. Les réponses à ces critiques (voir une synthèse in : Leca et Richard, 2023) sont de deux ordres. D'une part, les impacts sociaux et environnementaux des activités humaines organisées ont en même temps un impact sur leur performance financière, caché par la comptabilité classique. Dans l'esprit et la lettre d'une authentique volonté d'élaborer des reportings de durabilité, même dans une seule optique de simple matérialité, il faudrait donc en rigueur mesurer de tels impacts. D'autre part, entre un vide informationnel et une information exacte et exhaustive inatteignable, une information en ordre de grandeur authentique et consensuelle est préférable pour les parties prenantes mais aussi les investisseurs et les dirigeants. Donc l'argument du vide informationnel qui serait préférable parce que l'exactitude et l'exhaustivité seraient inatteignables ne tient pas au plan épistémologique (Colasse, 1980 ; Savall et Zardet, 1992 ; Burlaud, 2022). Ce qui implique là encore une transition conceptuelle comptable pour la mesure de la durabilité de la mesure idéale vers celle préférable. D'un autre côté, la définition de la matérialité qui fonde la production d'informations standardisées permettra, selon certaines ONG comme Finance Watch[1], d'omettre des parties entières de leurs informations sur le développement durable. Ainsi selon Finance Watch, le règlement sur la publication d'informations de durabilité dans le secteur des services financiers (plus communément connu sous l'acronyme SFDR) obligeant les institutions financières à capter des informations sur les émissions de GES des sociétés dans lesquelles elles investissent, ce reporting pourrait être contraint si certaines de ces sociétés omettent des indicateurs (par exemple la « pollution de l'air ») au motif qu'ils n'ont pas de matérialité avérée. Pour pallier ces risques, la Commission européenne a précisé que si une entreprise concluait que le changement climatique n'est pas matériel, elle devrait fournir une explication détaillée des conclusions de son évaluation de la matérialité. Au-delà si une entreprise concluait qu'un point de donnée dérivant du SFDR n'était pas matériel, elle devrait explicitement l'indiquer.

Nonobstant, les défenseurs d'un reporting plus exigeant regrettent que cette « explication détaillée » ne concerne pas, au même titre, la biodiversité, puisque comme l'expliquent de nombreux spécialistes, et notamment Jean-Marc Jancovici, il n'existerait « pas une activité humaine qui ne dépende de la biodiversité et lui porte atteinte » : celle-ci est donc « matérielle » par nature. Sur cette question, il est illusoire selon nous de rechercher systématiquement une exactitude et une exhaustivité des mesures. Des ordres de grandeurs des externalités impactantes selon les parties prenantes, pour celles dont une mesure exacte et exhaustive serait hors de portée technique, est parfaitement envisageable en relevant deux défis principaux. Le premier est la prise en compte des parties prenantes. Ces dernières deviennent en effet les éléments incontournables de la future analyse de matérialité en tant que réceptrices des impacts des activités de l'entreprise (comme les salariés, les clients, les fournisseurs, les résidents à proximité d'un site, les collectivités publiques à proximité, la nature à proximité, etc.), ou bien utilisatrices des rapports de durabilité (investisseurs, partenaires, syndicats, ONG…). Le second est l'évaluation de la gravité de l'impact, celle-ci étant relative à son ampleur, sa portée et le caractère irrémédiable *versus* incertain de l'impact considéré.

La transition en gestion des normes suscitée par la CSRD

La théorie de la « tétranormalisation » repose sur l'observation des dysfonctionnements engendrés par la normalisation croissante, leurs coûts cachés et les solutions pour les réduire dans l'un des quatre grands domaines où l'inflation normative

1. Finance Watch est une organisation non-gouvernementale européenne, dont la vocation est « de contrebalancer le lobby de l'industrie financière ».

est particulièrement intense (d'où le terme *tetra*) : le domaine social et administratif (par exemple droit social, règlements du BIT), le domaine comptable et financier (par exemple normes IFRS), le domaine commercial (par exemple les règlements de l'OMC) et le domaine de la qualité, hygiène, santé, sécurité et environnement (Savall et Zardet, 2005 ; Boje, 2015 ; Cappelletti et Dufour, 2023). Cette théorie montre en particulier que les coûts cachés de l'intégration d'une norme sont conséquents, principalement en termes de surtemps et de non-productions. Ils peuvent atteindre jusqu'à 5 000 euros par personne et par an et cela quels que soient le secteur, l'organisation considérée (TPE, PME, grande entreprise, organisation publique : mairie, région, administration) et le domaine normatif visé. La théorie montre que la cause racine de ces dysfonctionnements réside le plus souvent dans un manque de méthode de gestion de la norme qui peut conduire les organisations à un phénomène d'hypocrisie organisationnelle voire d'infraction volontaire à la norme (Brunsson et Jacobbson, 2005 ; Savall et Zardet, 2005). La norme est appliquée superficiellement sans véritablement imprégner les pratiques opérationnelles voire elle n'est pas appliquée. En termes de solution, la théorie a identifié les grands principes d'un processus qui facilite l'intégration des normes appelé O.A.N.E – d'orchestration, d'arbitrage, de négociation et d'éthique de la norme, permettant de minorer les coûts cachés d'intégration des normes, de mieux prévenir des phénomènes d'infraction ou d'hypocrisie organisationnelle de type *green washing* et de favoriser la *compliance* (Cappelletti et Dufour, 2023). La théorie de la tétranormalisation éclaire ainsi la nécessaire transition de la gestion de la standardisation des reportings de durabilité qu'appelle la CSRD. En effet, la CSRD et les normes ESRS qui en découlent prennent la forme d'un phénomène normatif d'ampleur qui va concerner plusieurs dizaines de milliers de grandes entreprises et probablement beaucoup de petites (Tondeur, 2024). Or, les objectifs de la normalisation CSRD sont d'informer les parties prenantes sur les pratiques de durabilité des entreprises pour que celles-ci évoluent vers des pratiques plus durables et socialement responsables. Ses objectifs sont donc d'informer pour transformer et progresser, et se situent à la convergence de l'information et de la transformation, d'où le néologisme que nous proposons à son endroit de « transinformation ». Son caractère obligatoire peut sembler positif pour atteindre ces objectifs puisque les entreprises vont être obligées d'effectuer une évaluation de la matérialité certifiée par un auditeur. Par ailleurs, même si la matérialité d'impact pouvait *a priori* moins influencer les flux financiers, elle devrait diriger tout de même le choix de beaucoup d'investisseurs, les marchés étant de plus en plus attentifs aux données de type RSE et développement durable (Riemer *et al.*, 2023). Tout cela n'est pas contestable. Mais la théorie de la tétranormalisation souligne qu'il n'y a pas d'automaticité entre une norme, aussi contraignante soit-elle, et les changements de pratiques que l'on espère d'elle, cela en raison des difficultés d'intégration de la norme puis de sa gestion que peuvent rencontrer les entreprises dépourvues d'une méthode de gestion pertinente (Savall et Zardet, 2005 ; Cappelletti et Dufour, 2023). Autrement dit, le « *Say and Shame* » qui inspire la CSRD, c'est-à-dire l'hypothèse que l'obligation de produire des informations négatives va susciter des critiques des parties prenantes obligeant l'organisation à s'améliorer, ne conduirait pas mécaniquement l'organisation à se transformer (Brunsson et Jacobson, 2005 ; Pigé, 2017). C'est donc probablement sous réserve d'une transition de la gestion des normes par les entreprises que les normes résultant de la CSRD, complétées par les autres législations adoptées et/ou en cours d'adoption par l'UE sur la durabilité des entreprises, conduiront *in fine* les entreprises à s'aligner sur l'Accord de Paris et à fabriquer du progrès social pour les travailleurs européens par l'amélioration concrète de leurs pratiques.

Développer les politiques sociales par l'engagement des entreprises : le cas des sociétés à mission

Un modèle de sociétés s'inscrit remarquablement dans les paradigmes TCA et CSRD en tant que producteur de progrès sociaux et environnementaux par nature et par essence. Il s'agit du modèle des sociétés à mission. Au sein de l'UE, de nouveaux termes et réflexions prennent place au sein de la stratégie des entreprises. On parle de plus en plus de développement durable, de responsabilité, d'écologie comme nous l'avons vu dans les deux premiers paragraphes de la contribution. Le terme de « Responsabilité Sociale des Entreprises » est traité par de nombreux auteurs et souligne le sentiment de responsabilités de la part des entreprises qui les poussent à mettre en place des actions allant vers des démarches et actions justes et honnêtes sans qu'elles y soient contraintes (Carroll 1979 ; Lee 2008 ; Schwartz, Carroll 2003 ; Maon *et al.* 2010). Or, de manière générale, les gouvernements prodiguent peu de conseils sur la mise en œuvre du développement durable au sein de l'entreprise, les actions entreprises par les organisations soulignent la volonté propre de chacune d'entre elles (Searcy, 2012). Différentes stratégies de mise en place de la RSE peuvent être observées, comme la mise en place d'actions philanthropiques en parallèle des activités de l'entreprise qui sont indépendantes de son métier. Le programme « enfance & jeunesse » de la Fondation GDF Suez ou le programme « ensemble pour l'insertion de jeunes » de la Fondation Orange illustrent cet exemple. La seconde stratégie intègre la RSE dans le métier de l'entreprise (Dyllick et Hockerts, 2002). Le déploiement de stratégies RSE et au-delà de durabilité est de façon incontestable en pleine effervescence, il nécessite la mobilisation de nombreux concepts innovants en interne au sein des entreprises, mais nous observons également que le rôle de l'État se révèle être important dans cette démarche innovante et responsable identifiée comme nécessaire. Il permet d'encourager les entreprises à agir de façon responsable, assurant ainsi une certaine durabilité.

Ce besoin d'innovation permettant de répondre aux enjeux sociaux et environnementaux a ainsi conduit l'État français à travers l'article 176 de la loi PACTE du 22 mai 2019 relative à la croissance et la transformation des entreprises à définir un nouveau modèle d'entreprise : l'entreprise à mission. « Elle peut être considérée comme un modèle d'entreprise qui oriente le pouvoir de transformation et d'innovation des entreprises pour résoudre les enjeux sociaux et environnementaux de notre époque ». La loi PACTE crée la qualité de société à mission en réponse au rapport Notat et Senard (2018) dans lequel figurent des éléments relatifs à la société à mission (Chehimi, 2022). Cette loi se présente donc comme une innovation juridique d'importance, elle répond aux enjeux des entreprises du monde actuel, en particulier ceux de la CSRD de l'UE :

- Enjeux sociaux et environnementaux : L'article 1833 du Code civil dit que : « Toute société doit avoir un objet licite et être constituée dans l'intérêt commun des associés. La société est gérée dans son intérêt social, en prenant en considération les enjeux sociaux et environnementaux de son activité ».

– Raison d'être inscrite dans ses statuts : L'article 1835 du Code civil dit que : « Les statuts doivent être établis par écrit. Ils déterminent, outre les apports de chaque associé, la forme, l'objet, l'appellation, le siège social, le capital social, la durée de la société et les modalités de son fonctionnement. Les statuts peuvent préciser une raison d'être, constituée des principes dont la société se dote et pour le respect desquels elle entend affecter des moyens dans la réalisation de son activité ».
– Société à mission : L'article L210-10 du Code du Commerce dit que : « 1° Ses statuts précisent une raison d'être, au sens de l'article 1835 du Code civil ; 2° Ses statuts précisent un ou plusieurs objectifs sociaux et environnementaux que la société se donne pour mission de poursuivre dans le cadre de son activité ».

Elle offre la possibilité aux sociétés qui le souhaitent de s'engager dans une mission d'intérêt social, environnemental et sociétal. La qualité de société à mission vise les dirigeants qui ne font pas du profit financier leur priorité, mais qui se sentent responsables et souhaitent jouer un rôle pour un monde meilleur. Cette qualité « permet aux entreprises qui se sentent concernées par la crise écologique et sociale imminente, à prendre des engagements responsables et définir une mission et vision dans ce sens et la poursuivre » (Chehimi, 2022). La loi PACTE peut être alors considérée comme un plan d'action, mis en place par le ministère de l'Économie et des Finances dont les quatre objectifs principaux sont de faciliter la création des entreprises, débloquer la croissance des petites et moyennes entreprises, inciter les épargnants à financer l'économie réelle et rendre l'entreprise juste et responsable au niveau social et environnemental à travers la qualité de société à mission. La société à mission est alors définie comme une entreprise qui déclare sa raison d'être à travers des objectifs sociaux et environnementaux. Son objectif sera de les poursuivre dans le cadre de son activité initiale. Le texte de loi présente des prérogatives afin de devenir et conserver sa qualité de société à mission, comme de déterminer une mission et raison d'être, d'intégrer dans ses statuts des objectifs sociaux ou environnementaux permettant d'atteindre la mission définie, qui doit être d'intérêt général ; et enfin être auditée de façon périodique par un organisme tiers indépendant (OTI) accrédité. Il aura la charge de valider l'exécution par la société à mission de ses objectifs mentionnés dans les statuts de façon périodique. Notons que la mission et les statuts de l'entreprise doivent être déclarés de façon officielle au greffe du tribunal de commerce.

Afin de mener à bien ses objectifs statutaires, la société à mission pourra également se faire conseiller et accompagner, par son comité de mission également défini par la loi PACTE 2019. Notons que selon l'article L210-10 du Code de commerce, le comité de mission est « distinct des organes sociaux » de la société ; il doit « comporter au moins un salarié » de la société ; son rôle est exclusivement le suivi de l'exécution de la mission ; il « présente annuellement un rapport joint au rapport de gestion [...] à l'assemblée chargée de l'approbation des comptes de la société » ; il « procède à toute vérification qu'il juge opportune et se fait communiquer tout document nécessaire au suivi de l'exécution de la mission ».

La loi PACTE à travers la société à mission pose ainsi un nouveau cadre juridique pour l'entreprise dans le droit français, plus responsable, plus engagé vers le bien commun, avec une vision durable et tournée vers un avenir plus vert et plus solide.

La contribution des sociétés à mission aux progrès sociaux et environnementaux

Nous pouvons définir la durabilité des entreprises comme la capacité de maintenir ou de soutenir quelque chose sur le long terme (Dyllick, Hockerts, 2002 ; Epstein, Roy 2001 ; Schaltegger, Burritt 2005 ; Shrivastava 1995 ; Searcy, 2012) qui s'inscrit dans une démarche pérenne et responsable. Elle vise à répondre aux besoins du présent sans pour autant impacter la capacité des générations futures à satisfaire leurs propres besoins. Selon Elkington (1997) en s'appuyant sur la *Triple Bottom Line* – la recherche de résultats financiers, sociaux et environnementaux telle que visée par la CSRD –, elle peut être analysée sous plusieurs aspects. Pour les questions environnementales par exemple, elle implique la préservation des ressources naturelles, la réduction des émissions de gaz à effet de serre, la protection de la biodiversité et toutes démarches respectueuses de l'environnement ; sur le volet économique, elle cherche à assurer la pérennité à moyen et long terme des activités économiques tout en tenant compte des différents impacts sociaux et environnementaux qu'ils peuvent avoir, par exemple soutenir les pratiques commerciales équitables ou la gestion responsable des ressources financières ; enfin du point de vue social, elle vise à promouvoir l'équité, la justice sociale et le bien-être des citoyens et des travailleurs. La durabilité peut alors s'expliquer comme la recherche de l'équilibre entre l'environnemental, l'économique et le social, qui permettra de garantir une qualité de vie satisfaisante pour les générations futures mais également actuelles. On retrouve dans cette idée de durabilité les éléments soutenus par la loi PACTE à travers la qualité de société à mission qui dès lors apparaît comme idéalement en ligne avec la CSRD de l'UE.

Dans cette vision nouvelle de l'entreprise, le rôle de l'État s'avère donc être important, en encourageant les entreprises à agir de façon responsable sur l'aspect écologique, économique et social, assurant ainsi la durabilité. Notons que la loi PACTE 2019 suggère, mais n'exerce aucune forme de caractère obligatoire, à travers la société à mission. Les dirigeants d'entreprises qui se sentent concernés sont libres de se joindre à sa démarche. Le caractère non obligatoire pourrait favoriser l'implication sincère des entreprises mais également avoir un impact positif sur l'image de celles-ci. La société à mission permet aux sociétés d'agir de façon responsable sur le long terme et de soutenir et favoriser la notion de soutenabilité. À cet égard, le Rapport Rocher (Rocher, 2021) souligne que l'on se tourne désormais vers l'environnement, la santé, les questions sociales et sociétales, et la société à mission peut être vue comme une réponse à ces nouveaux besoins. Les entreprises doivent prendre un virage afin de s'adapter au bouleversement à venir. Le profit financier n'est plus au centre des stratégies, on parle désormais de mission, être responsable et durable sont les nouvelles tendances. L'objectif de l'État à travers la loi PACTE serait d'intégrer pleinement la RSE dans la stratégie des entreprises, d'aller vers une économie à carbone bas, de promouvoir l'égalité des sexes, de valoriser et soutenir la diversité et de générer un impact sociétal positif. On tend alors vers un nouvel équilibre qui, à travers la société à mission, favoriserait la durabilité des entreprises, mais également de la société de façon plus large. Elle ne vise pas à obliger, mais à faire prendre conscience et à agir en conséquence.

État des lieux en France et en Europe des sociétés à mission

On observe une adoption continue et croissante du statut de société à mission par les entreprises françaises, indépendamment de leur taille ou de leur secteur d'activité.

Il y a à ce jour un peu moins de 1 500 sociétés à mission en France selon l'Observatoire des Sociétés à Mission. Ce chiffre ne cesse de croître et nous pouvons noter que de nombreuses associations ont également adopté le concept même si, légalement, elles ne peuvent obtenir la qualité de société à mission. La société à mission est soutenue et présentée par le gouvernement français ainsi que les organisations comme la Communauté des Entreprises à Mission dont l'étendue est nationale, comme un modèle d'entreprise responsable et durable. L'objectif des organisations comme Communauté des Entreprises à Mission est de faire essaimer les idées de la loi PACTE à un niveau national et de créer des alliances et des collaborations avec d'autres entreprises qui peuvent ainsi contribuer à amplifier l'impact positif des sociétés à mission. La finalité est que de plus en plus d'entreprises adoptent la qualité et qu'elles intègrent des considérations sociales et environnementales dans leur stratégie.

À ce stade, nous manquons de recul pour pouvoir proposer une évaluation quantitative pertinente de l'impact des sociétés à mission en France. Les résultats d'audits réalisés par les OTI seront un axe d'analyse, mais il serait également pertinent de mesurer, en s'appuyant sur des indicateurs, la performance obtenue par une société à mission et une société traditionnelle. Nous serions alors en mesure d'illustrer par des faits chiffrés l'intérêt pour une entreprise de devenir société à mission, outre le souhait de participer à une démarche responsable et durable. Notons également que la réglementation concernant les sociétés à mission pourrait être amenée à évoluer en fonction des retours d'expérience, des résultats des audits périodiques et des besoins du marché. Le 19 mai 2024 à Paris, la Communauté des Entreprises à Mission a organisé le 2e congrès français et européen des entreprises à mission. Lors de celui-ci, la loi PACTE a été discutée et la construction d'un cadre européen pour les entreprises à mission a été envisagé. Le caractère très récent de la qualité de société à mission entraînera certainement des ajustements pour renforcer son efficacité et la crédibilité de son modèle. On constate une dynamique continue d'adoption, de promotion, d'évaluation et d'évolution de ce modèle d'entreprise axé sur la durabilité et la responsabilité sociale. Ce modèle français pourrait devenir une norme internationale avec la France comme pionnier de la démarche. On constate à un niveau international ces mêmes besoins et tendances à aller vers le durable, responsable et éthique. La société à mission pourrait donc répondre à cette constatation au niveau Européen.

En nous appuyant sur ce qui existe dans les pays européens voisins, nous pouvons souligner que la notion de « société à mission » est associée exclusivement au plan de la dénomination à la France. Des recherches nous ont cependant permis d'identifier d'autres structures juridiques assez comparables empruntant des dénominations différentes et dont les États voisins encouragent leurs entreprises à intégrer des objectifs sociaux et environnementaux dans leur mission et leur fonctionnement (voir tableau 1).

Tableau 1. Les sociétés à mission ou de statut comparable en Europe

Pays	Structure	Objectifs	Spécificités
Royaume-Uni (hors UE)	Community Interest Companies	Doivent avoir un « acte de communauté d'intérêt » décrivant leurs objectifs sociaux.	Structures juridiques qui permettent aux entreprises de poursuivre des objectifs sociaux et environnementaux tout en générant des profits.
Italie	Società Benefit	Objectif principal est de produire un impact positif sur la société et l'environnement.	Doivent déclarer leurs objectifs sociaux et environnementaux dans leurs statuts.
Espagne	Sociedades Anónimas Laborales	Elles ne sont pas exclusivement axées sur la mission sociale ou environnementale, leur structure de gouvernance participative peut favoriser des décisions plus inclusives et durables.	Sociétés anonymes avec une participation majoritaire des travailleurs.
Pays-Bas	Maatschappelijke B.V.	Accent mis sur l'impact social et/ou environnemental de l'entreprise.	Forme de sociétés à responsabilité limitée.
Allemagne	Gemeinwohl-Ökonomie	Adoptent des pratiques commerciales alignées sur des valeurs telles que la durabilité, la justice sociale et la solidarité.	Ce n'est pas une forme juridique d'entreprise.

Ces structures juridiques varient d'un pays à l'autre en Europe, elles ont un niveau de maturité différent sur le sujet, le point commun reste qu'elles partagent toutes l'objectif d'encourager les entreprises à adopter des pratiques plus responsables et durables, en intégrant les considérations sociales et environnementales dans leur fonctionnement. Ces structures juridiques apparaissent dès lors comme des véhicules très adaptés à la réussite de la CSRD et à la fabrique de progrès sociaux et environnementaux à l'échelle de l'UE. Nous pouvons souligner que la France avec la loi PACTE et la qualité de société à mission que cette loi a introduite semble être le plus avancée sur le sujet et le modèle pourrait être internationalisé afin de promouvoir et soutenir la durabilité au niveau Européen.

Conclusion

Avec la standardisation des reportings de durabilité des entreprises rendue obligatoire au sein de l'UE par sa directive CSRD de 2023, l'Europe fait le pari raisonnable que la comptabilisation des résultats extra financiers des entreprises et leur diffusion vers les parties prenantes sera un vecteur puissant de progrès social pour les populations et de progrès environnemental pour la Société. Il s'agit d'une nouvelle voie de promotion des politiques sociales et environnementales des États membres de l'UE non pas imposée dans les contenus d'en haut via une directive toute faite mais à construire d'en bas via les entreprises. Cela au travers de l'obligation de « montrer » annuellement (« *Say* ») les progrès réalisés en la matière et de prendre le risque d'être montré du doigt par les parties prenantes (« *Shame* »), avec les sanctions qui s'en suivraient de leur part, en cas de progrès insuffisants ou bien d'absence de progrès tout court. Est-ce que cela va marcher ? Notre article a montré que dans tous les cas, ce pari de la standardisation de la durabilité allait dans le bon sens et représentait même une révolution conceptuelle en mettant sur un pied d'égalité la recherche des résultats financiers et celle de résultats sociaux et environnementaux par les acteurs économiques. En nous appuyant sur la théorie de la « tétranormalisation », nous avons posé l'hypothèse que cette révolution serait aussi factuelle et non pas seulement conceptuelle – c'est-à-dire effectivement porteuse de progrès sociaux et environnementaux à l'échelle européenne profitable à ses peuples – à condition que les entreprises et leurs commissaires aux comptes se saisissent éthiquement de la CSRD et non pas seulement esthétiquement. Nos observations nous invitent à penser que c'est loin d'être hors de portée et nous pousseraient donc à l'optimisme sur toutes ces passionnantes questions.

Bibliographie

Ambec, S., & Lanoie, P. (2008). Does It Pay to Be Green? A Systematic Overview. *Academy of Management Perspectives*, 22(4), 45-62.

Article 1832, *Code civil*

Article 1833, *Code civil*

Article 1835, *Code civil*

Article L210-10, *Code du Commerce*

Baker, L., Castilleja, G., De Groot Ruiz, A. & Jones, A. (2020). Prospects for the true cost accounting of food systems. *Nature Food*, 1(12), 765-767.

Baumuller, J. & Sopp, K. 2022. Double materiality and the shift from non-financial to European sustainability reporting : review, outlook and implications. *Journal of Applied Accounting Research*, 23(1), 8-28.

Boje, D.M. (éd.) (2015). *Organizational Change and Global Standardization : Solutions to Standards and Norms Overwhelming Organizations*. Routledge.

Brunsson, N., Jacobsson, B., (2005), *A World of Standards*, Oxford : Oxford University Press.

Burlaud, A. (2022). *Comptabilité, l'empire des nombres*. EMS.

Capitals Coalition. (2021). *Disclosing impacts on natural, social & human capital in financial statements*. The Hague, Kingdom of the Netherlands.

Cappelletti, L. (2022). Dynamique économique et réindustrialisation durables des territoires. *Rapport pour le Haut-Commissariat au Plan*, janvier, 67 p.

Cappelletti, L. (2023). RSE et développement durable au sein de l'UE. *Colloque « Politiques sociales européennes »*, MEF34, Université Montpellier 3.

Cappelletti, L., & Dufour, N. (2023). *La gestion innovante des normes. Convertir les normes sanitaires, environnementales, sociales et financières en performances*. GERESO.

Cappelletti, L., Savall, H. & Zardet, V. (2024a). *Socio-Economic Approach to Management*. Palgrave Macmillan.

Cappelletti, L., Savall, H., Zardet, V. & Tondeur, H. (2024b). Mesurer les impacts sociaux et environnementaux des activités humaines en « true cost accounting ». Contribution de la théorie des coûts cachés. *Congrès annuel de l'AFC*, Dijon.

Carroll, A.B. (1979). A three-dimensional conceptual model of corporate performance. *Academy of Management Review*, 4(4), 497-505.

Chehimi, M. (2022). *Le pilotage stratégique pour accomplir et maîtriser une raison d'être : Une étude exploratoire sur la conception d'un Sustainability Balanced Scorecard au sein d'une société à mission* (Doctoral dissertation, Université de Montpellier).

Colasse, B. (1980). Note pour une épistémologie de la comptabilité des entreprises. *Premier séminaire de recherche organisé par l'Association Française de Comptabilité.* Janvier, ESSEC, France, p. 138-163.

Dasgupta, Partha (1968). *Population Growth and Non-transferable Capital : Investigations in the Theory of Optimum Economic Growth.* University Of Cambridge, Faculty of Economics Politics.

Dasgupta, Partha (2001). *Human Well-Being and the Natural Environment.* Oxford : Oxford University Press.

Déjean F. (2021). Comptabilité et environnement : compter autrement. *Annales des Mines – Responsabilité et environnement,* 102, 69-72.

Dyllick, T., Hockerts, K. (2002). Beyond the business case for corporate sustainability. *Business strategy and the environment,* 11(2), 130-141.

Elkington, J., (1997). *Cannibals with Forks : the Triple Bottom Line of 21st Century Business.* Capstone, Oxford.

Epstein, M., Roy, M.J., (2001). Sustainability in action : identifying and measuring the key performance drivers. *Long Range Planning* 34(5), 585-604.

European Commission. (2022). *Directive (EU) 2022/2464 of the European Parliament and of the Council of 14 December 2022 amending Regulation (EU) No 537/2014, Directive 2004/109/EC, Directive 2006/43/EC and Directive 2013/34/EU, as regards corporate sustainability reporting.* Brussels.

Henisz, W., Koller, T. & Nuttall, R. (2019). Five ways that ESG creates value : Getting your environmental, social, and governance (ESG) proposition right links to higher value creation.https://airtable.com/shr3eH7gXan4SqHxB/tbli2eRVrJvUOdd6h/viwCaH69bt2MFVLoS

Impact Institute. (2023). *The Current Field of True Cost Accounting.* Amsterdam.

Kadija, E. (2022). *EU Taxonomy for Sustainable Activities : Implications and prospects for the Agri-food industry. To what extent are European Agri-food companies complying with the Taxonomy ?* Venice, Italy, Universita Ca' Foscari Venezia.

Lay-Kumar, J., Walkiewicz, J., His, C. & Heck, A. (2023). Sustainable Performance Accounting als Schlüssel für die Nachhaltigkeitstransformation : Einsichten aus dem Projekt QuartaVista. In : Y. Zwick & K. Jeromin (éds). *Mit Sustainable Finance die Transformation dynamisieren.* Wiesbaden, Germany, Springer Fachmedien, 187-199.

Leca, B. & Richard, C. (2023). Accompagner le déploiement de normes suffisamment complètes. *Tribune, Le Monde,* 23 octobre.

Lee, M.-D.P. (2008). A review of theories of corporate social responsibility : Its evolutionary path and the road ahead. *International Journal of Management Reviews,* 10(1), 53-73

Loi Pacte n° 2019-486 du 22 mai 2019, relative à la croissance et la transformation des entreprises. *Ministère de l'Économie et des Finances*

Maler, K. G. (2013). *Environmental economics : a theoretical inquiry.* Routledge.

Maon, F., Lindgreen, A., Swaen, V. (2010). Organizational stages and cultural phases : A critical review and a consolidative model of corporate social responsibility development. *International Journal of Management Reviews,* 12(1), 20-38

McGreevy, S.R., Rupprecht, C. D. D., Niles, D., Wiek, A., Carolan, M., Kallis, G., *et al.* (2022). Sustainable agrifood systems for a post-growth world. *Nature Sustainability,* 5(12), 1011-1017.

Michalke, A., Stein, L., Fichtner, R., Gaugler, T. & Stoll-Kleemann, S. (2022). True cost accounting in agri-food networks : a German case study on informational campaigning and responsible implementation. *Sustainability Science*, 17(6), 22-69.

Naro, G., & Rambaud, A. (2023). Editorial. For an overhaul of accounting practices and théories : Toward a requirement for strong sustainability. *Accounting Auditing Control*, 29(4), 7-17.

Natura & Valuing Impact. (2022). *Natura Integrated Profit & Loss Accounting 2021*. Sao Paulo, Brazil.

Negash, M. (2012). IFRS and environmental accounting. *Management Research Review*, 35(7): 577-601.

Pigé, B. (2017). *Les normes comptables : cadre conceptuel et gouvernance*. EMS.

Riemer, O., Mairaj Shah, T., & Müller, A. (2023). The role of true cost accounting in guiding agrifood businesses and investments towards sustainability – Background paper for The State of Food and Agriculture 2023. *FAO Agricultural Development Economics. Working Paper*, n° 23-13. Rome, FAO.

Rocher, B., (2021). Rapport Rocher. *Ministère de l'économie, des finances et de la relance*

Sachs, I. (1998). *L'écodéveloppement*. Syros.

Savall, H. & Zardet, V. (1992). *Le nouveau contrôle de gestion*. Éditions comptables Malherbes, Eyrolles.

Savall, H. & Zardet, V. (2005). Tétranormalisation. Défis et dynamiques. Economica. Traduit en anglais : *The Dynamics and Challenges of Tetranormalization*. Charlotte : IAP, 2013.

Savall, H., & Zardet, V. (Eds) (2023). *Socio-Economic Approach to Management Treatise. Theories and Practices*. Charlotte, NC : I.A.P. Traduit en français : *Traité du management socio-économique. Théories et pratiques*. Charlotte, NC : IAP, 2021.

Schaltegger, S., Burritt, R.L. (2005). Corporate Sustainability. In H. Folmer & T. Tietenberg (Eds.), The international yearbook of environmental and resource economics 2005/2006 : A Survey of Current Issues. *Reference & Research Book News*, 20(4)

Schwartz, M. S., Carroll, A. B. (2003). Corporate social responsibility : A three-domain approach. *Business Ethics Quarterly*, 11(4),331-422

Searcy, C. (2012). Corporate sustainability performance measurement systems : A review and research agenda. *Journal of business ethics*, 107(3), 239-253.

Shrivastava, P. (1995). The role of corporations in achieving ecological sustainability. *Academy of Management Review*, 20(4), 936-960

Tondeur, H. (2024). Les normes de reporting de durabilité IFRS et CSRD. *Working papers CNAM INTEC*, janvier.

Trébucq, S. & Demersseman, R. (2023). *Le grand livre de la RSE*. Dunod.

True Cost Initiative (2022). *TCA Agrifood Handbook – Practical guidelines for the food and farming sector on impact measurement, valuation and reporting*. Hamburg, Germany.

Walkiewicz, J., Lay-Kumar, J. & Herzig, C. (2021). The integration of sustainability and externalities into the « corporate DNA » : a practice-oriented approach. *Corporate Governance (Bingley)*, 21(3), 479-496.

Whelan, T. & Fink, C. (2016). The Comprehensive Business Case for Sustainability. *Harvard Business Review*, 21 octobre, Cambridge, MA.

Jean-Michel Arrivé*

Pour une Union européenne sociale

Domaine essentiel des débats européens du moment, la question sociale n'est certes pas neuve et paraît à première vue moins urgente à traiter pour l'Union européenne que celles de son élargissement, de la lutte contre le changement climatique ou de sa capacité stratégique, pour ne prendre que quelques exemples parmi les plus éloquents. À y regarder de plus près, elle est pourtant très liée à l'ensemble de ces autres débats et d'une cruciale actualité.

Actualité politique tout d'abord : en cette année d'élections européennes, le « vieux reproche » fait à l'Union d'avoir sapé la protection sociale à force de préoccupations économiques et de renforcement de la concurrence, a figuré en bonne place parmi les arguments de campagne de certains des opposants les plus radicaux à l'approfondissement de la construction Européenne.

Actualité liée aux évolutions politiques européennes majeures ensuite. « L'accompagnement social » des grandes réformes qui s'annoncent, notamment celles liées à l'adaptation au changement climatique, aux évolutions numériques, aux bouleversements géopolitiques, s'impose, en effet, comme un sujet essentiel. Car dans la mesure où lesdites réformes se négocient en large partie au niveau européen, il apparaît cohérent de débattre également à ce niveau des mesures permettant d'en limiter les conséquences sociales.

Sitôt posé le sujet, surgit la question – vieille comme l'Union européenne elle-même – de la capacité dont dispose réellement cette dernière pour agir en matière sociale. En pratique, en effet, les politiques, dans ce secteur, relèvent très largement de la compétence des États, chacun d'entre eux organisant à sa guise les grands dispositifs sociaux (retraites, maladie, chômage), l'essentiel des règles du marché du travail ou les services publics pour ne citer que les exemples les plus marquants.

Est-ce à dire que l'Europe ne peut pas agir dans ce champ du social ? Il convient de rappeler, au contraire, que l'objectif de protection sociale est inscrit explicitement dans les traités (cf. l'article 3 du Traité sur l'Union européenne : l'Union « combat l'exclusion sociale et les discriminations, et promeut la justice et la protection sociales,

* Membre du bureau national du Mouvement européen-France, où il est responsable du développement local Sud, vice-président du Mouvement Européen Nouvelle-Aquitaine.

l'égalité entre les femmes et les hommes, la solidarité entre les générations et la protection des droits de l'enfant ») et que des textes essentiels sont venus donner progressivement consistance à cet objectif.

Adoptée en 2000, et dotée depuis l'entrée en vigueur du traité de Lisbonne, en 2009, d'une portée juridique identique à celle des traités, la Charte des Droits fondamentaux comporte un chapitre entier consacré aux questions de solidarité et de protection sociale. Le texte impose ainsi un certain nombre de droits relatifs à la vie au travail (droit à l'information et à la consultation des travailleurs au sein de l'entreprise, droit de négociation et d'actions collectives, protection en cas de licenciement, conditions de travail justes et équitables, interdiction du travail des enfants et protection des jeunes au travail). Il garantit également des protections d'ordre plus générales telles que la conciliation entre vie familiale et vie professionnelle, l'accès aux prestations de sécurité sociale, aux aides sociales et aux soins médicaux. Si, dans tous les cas, la charte renvoie aux modalités prévues par les législations et pratiques nationales, elle n'en pose pas moins un certain nombre de protections essentielles.

Le Socle européen des droits sociaux, adopté pour sa part en 2017 – puis complété et précisé par un plan d'action de la Commission daté de 2021[1] –, énonce vingt principes vers lesquels l'Europe doit tendre en matière d'égalité des chances, d'accès au marché du travail, de conditions de travail, de protection et d'inclusion sociale. Si, à l'inverse de la Charte, ce texte ne possède pas de valeur contraignante, il n'en définit pas moins un cadre commun pour les droits sociaux des citoyens européens, cadre dans lequel sont venues s'inscrire plusieurs initiatives européennes.

Mentionnons à titre d'exemples récents, la directive sur l'équilibre entre vie privée et vie professionnelle[2], ou bien encore celle relative aux « conditions de travail transparentes et prévisibles », qui fournit des protections minimales aux travailleurs les plus précaires[3].

Plus récente et sans doute plus emblématique encore de cette capacité de l'Union à agir par la voie législative, la directive sur la généralisation du droit à un salaire minimum adoptée en 2022, a pour objectif, dans un contexte de grands écarts de rémunération entre pays membres, non pas d'établir un même niveau minimum de salaires partout en Europe (cette compétence continuant de relever des États membres), mais d'obliger ces derniers à favoriser la convergence vers le haut des rémunérations minimales. À l'exception de ceux où préexistent des conventions collectives garantes d'un salaire minimum, les États membres doivent désormais évaluer le salaire minimum légal au moyen de divers critères (dont le pouvoir d'achat, le taux de pauvreté) et établir un niveau de salaire minimum légal suffisant pour permettre des conditions de vie et de travail décentes[4].

1. Communication de la Commission au Parlement européen, au Conseil, au Comité économique et social européen et au comité des Régions – Plan d'action sur le socle européen des droits sociaux. COM (2021) 102 final – 04.03.2021.
2. Directive (UE) 2019/1158 du Parlement européen et du Conseil du 20.06.2019 concernant l'équilibre entre vie professionnelle et vie privée des parents et des aidants et abrogeant la directive 2010/18/UE du Conseil – JOUE L 188 du 12.07.2019.
3. Directive (UE) 2019/1152 du Parlement européen et du Conseil du 20 .06 2019, relative à des conditions de travail transparentes et prévisibles dans l'Union européenne – JOUE L 186 du 11.07. 2019.
4. Directive (UE) 2022/2041 du Parlement européen et du Conseil du 19 octobre 2022 relative à des salaires minimaux adéquats dans l'Union européenne-JOUE L275 du 25.10.2022.

Autre texte récent, objet d'âpres débats au Parlement européen, la directive sur le devoir de vigilance en matière de durabilité[5] imposera aux entreprises d'une certaine envergure et dans un certain nombre de secteurs « à risques » (textile, agro-alimentaire, extraction et commerce de ressources minérales, construction…), de veiller aux impacts de leurs activités sur l'environnement, mais aussi sur les droits humains (travail des enfants, esclavage, exploitation du travail). Ces entreprises dont l'activité s'exerce à une échelle internationale devront donc intégrer « un devoir de vigilance » dans leurs politiques et système de gestion des risques et prévoir une description de leur démarche pour y parvenir. Des sanctions financières élevées sont prévues pour les entreprises contrevenantes.

Au-delà d'imposer des règles, l'action « sociale » de l'Union se traduit sous la forme d'un apport de financements. Elle dispose pour cela d'un fonds *ad hoc*, le Fonds Social européen (FSE), créé dès 1957 et qui met au service de la formation professionnelle, de la lutte contre le chômage, de l'intégration des personnes handicapées ou des migrants, de la lutte contre la pauvreté et l'exclusion sociale ou encore du secteur de la santé, un soutien important, essentiellement par le biais de la politique dite « de cohésion ». Ce fonds est également un outil de lutte contre la précarité alimentaire, qui mobilise le Soutien européen à l'aide alimentaire (SEAA) pour l'achat de denrées au profit d'associations habilitées, et pour l'accompagnement social des personnes très vulnérables.

Sous l'influence des crises récemment traversées par l'Union européenne (sanitaire, environnementale), d'autres dispositifs ont été mis en place : ainsi le mécanisme européen de réassurance chômage, baptisé SURE, destiné à soutenir les systèmes nationaux de protection sociale des travailleurs des pays membres en leur permettant de bénéficier de prêts à très faibles taux d'intérêt. Précisons également que le pacte vert pour l'Europe, adopté en 2019, comporte un important volet social. Le « fonds de transition juste », destiné à permettre la transition énergétique dans les régions européennes les plus consommatrices d'énergies fossiles, financera notamment la requalification des travailleurs ayant perdu leur emploi du fait de cette transition.

Ainsi, en application des traités (et de la charte des Droits fondamentaux), l'UE ne s'est-elle pas limitée à éditer de grands principes, mais a multiplié les règles et les dispositifs de financement communs. Procédant ainsi, elle répond également à la nécessité d'éviter toute forme de dumping social pouvant affecter la concurrence au sein du marché unique. Les quelques textes et dispositifs mentionnés à titre d'exemples, semblent dénoter une accélération de cette tendance. Dès 2021, Sofia Fernandes, responsable des questions sociales à l'institut Jacques Delors fait le constat suivant : « l'Union peut influer sur les politiques sociales en mobilisant ses prérogatives économiques. Quand on note qu'InvestEU (programme destiné à financer l'investissement en Europe) dispose d'un pilier social, que la Commission a suspendu les contraintes du Pacte de stabilité et de croissance, ou encore qu'elle a lancé le mécanisme SURE, on observe que l'Europe est active en matière sociale. Cette crise a mis en lumière un changement de paradigme en termes de gestion des conséquences sociales de la crise au niveau des institutions européennes. Au cours de la crise de la zone euro, on demandait à la Grèce et au Portugal de baisser les salaires et de couper dans leurs

5. Directive (UE) 2024/1760 du Parlement européen et du Conseil du 13 juin 2024 sur le devoir de vigilance des entreprises en matière de durabilité et modifiant la directive (UE) 2019/1937 et le règlement (UE) 2023/2859 – JOUE du 05.07.2024.

dépenses d'éducation ou de santé, ce qui allait à l'encontre des ambitions sociales de l'Europe. Aujourd'hui, la réponse européenne à la crise illustre une volonté de limiter son impact social[6]. »

Plus récemment, dans un article publié dans le journal Le Monde[7], la sociologue Dominique Méda signale que ce « tournant social » de l'Union européenne est désormais bien amorcé. Prenant l'exemple des textes – alors adoptés ou en préparation – consacrés à l'amélioration des conditions de travail des personnes travaillant par le biais d'une plateforme numérique ou encore au devoir de vigilance des entreprises en matière de durabilité (mentionné ci-dessus) – elle se félicite qu'ils soient porteurs d'un « réel progrès » pour les travailleurs. Et constate – allant ici à l'encontre des positions défendues par les plus virulents contempteurs de l'action des institutions européennes – que cette évolution est portée par la Commission européenne et par le Parlement européen alors que de nombreux États « freinent ».

Faut-il aller plus loin ? Indiscutablement oui. Sans préconiser un « basculement » radical de la compétence sociale des États vers l'Union, il paraît légitime d'exiger de celle-ci qu'elle se mêle toujours un peu plus des sujets sociaux dans le sens d'une meilleure protection. L'UE doit ainsi continuer de « tirer vers le haut » les États membres pour défendre le modèle social européen face aux bouleversements qui nous attendent. Il en va non seulement de l'amélioration de la justice sociale au sein de l'Union européenne, mais aussi de la crédibilité de son action – trop souvent perçue comme limitée au champ économique – aux yeux des citoyens.

Renforcer la capacité d'intervention de l'Union européenne dans le champ social et soutenir l'accélération des réformes dans ce domaine en raison des transitions en cours rencontre les préconisations du Mouvement européen. Dans son plaidoyer, préparé dans la perspective des élections européennes de juin 2024, il est proposé, en effet, que les institutions de l'Union construisent dans cette nouvelle mandature « un ambitieux plan d'accompagnement social de la transition écologique pour aider les particuliers, les collectivités et les entreprises à relever ce défi ».

Contre ceux qui tirent argument d'une prétendue impuissance de l'Union européenne et des impacts négatifs de son action dans le champ social pour conforter leur dialectique anti-européenne, il importe donc pour notre mouvement non seulement de mettre en avant la dimension « sociale » de l'action européenne, mais aussi et plus généralement, la légitimité de la prise en charge du sujet social à ce niveau européen. Il convient enfin, et peut-être surtout, de soutenir le renforcement de l'action amorcé dans ce sens, ce « tournant social » souligné par D. Méda

Lors du colloque de Montpellier, Hans-Peter Müller-Graff a établi que l'action passée de l'Union européenne avait eu, à l'échelle de l'ensemble de son territoire, un impact social clairement positif. Nous devons être reconnaissants aux organisateurs de ces débats d'avoir permis l'expression de ce constat et exploré les voies d'un renforcement de l'action sociale européenne. Il s'agit d'un apport précieux à la revendication portée par tous les partisans d'un renforcement des compétences de l'Union européenne.

6. Citée par « Toute l'Europe » : https://www.touteleurope.eu/economie et-social/qu-est-ce-que-le-socle-europeen-des-droits-sociaux/.
7. *Le Monde* – 31.12.2023 – 01.01.2024.

Gérard Valin

Les défis du management.
À propos de l'ouvrage de Johann Chapoutot consacré à Reinhard Höhn

Professeur d'histoire contemporaine à Sorbonne Université, spécialiste du nazisme (*La loi du sang, penser et agir en nazi*, 2014 ; *La révolution culturelle nazie*, 2017 ; *Comprendre le nazisme*, 2018…) J. Chapoutot s'intéresse dans un ouvrage dont la sortie remonte déjà à quelques années, *Libres d'obéir – Le management du nazisme à aujourd'hui*[1], à l'Oberführer SS Reinhard Höhn (1904-2000), le créateur de l'institut de formation des cadres de Bad-Harzburg en RFA. Il le présente comme le promoteur d'une méthodologie d'entreprise, le « Management by objectives » (MBO), supposée conforme à la conception spécifique de la culture germanique en matière de liberté. Activée par l'idéologie nazie, cette approche managériales aurait été retenue après-guerre, à l'occasion du miracle économique (*Wirtschaftswunder*), par les entreprises allemandes, jusqu'au début de la décennie 1970. En conclusion, l'auteur tente d'établir certains liens avec les doctrines actuelles de gestion.

Argumentation historique de l'auteur

J. Chapoutot développe sa thèse selon une approche structurée en huit chapitres, avec prologue et épilogue. À l'instar d'Herbert Backe, Walter Daré, Wilhelm Stuckart ou encore Werner Best, mais contrairement au juriste Carl Schmitt, Reinhard Höhn décrit avec talent cette façon de conduire les hommes (*Menschenführung*) en entreprise, qui ne saurait s'accorder avec une autorité administrative d'État. Il n'y a pas de place pour des scrupules bureaucratiques (*keine Aktenwirtschaft*), dès lors que des acteurs performants (*Leistungsmenschen*), et non des perdants potentiels (*Versager*), sont chargés de mettre en œuvre un « objectif final » (*Endziel*), fixé par des instances supérieures. Sous le régime nazi, Reinhard Höhn, s'était déjà consacré à l'*Institut für Staatsforschung* dont il était devenu directeur dans le cadre de l'université de Berlin. Selon le darwinisme social inspiré du sociologue anglais Herbert Spencer, les anciens Germains apparaîtraient donc comme les rares héritiers de cette « liberté des forêts », source de la *Volksgemeinschaft* (communauté du peuple) ; celle-ci serait susceptible de se décliner dans les entreprises des temps modernes sous une forme spécifique de *Betriebswirtschaft* (gestion d'entreprise). Grâce à ce type de gestion, les *Volksgenossen* concernés en tant que salariés échapperaient à toute forme de lutte

1. Paris (Gallimard), 2019, 176 p.

des classes de nature marxiste. Les motivations personnelles s'inscrivent ainsi dans un cadre collectif performant qu'incarne l'organisation des loisirs promue par le Front allemand du travail (*Deutscher Arbeitsfront*) la Force par la joie (*Kraft durch Freude*, KDF) Tenant lieu de syndicat unique, cette organisation exerce un monopole de représentation sociale sous le régime nazi.

Docteur de l'université d'Iéna en 1927, membre du NSDAP et des SS en 1933, bénéficiaire d'une habilitation universitaire à Heidelberg en 1934, Reinhard Höhn est promu Obergruppenführer en 1944, grâce à la protection d'Himmler. Il ne réapparaîtra sur la scène publique qu'après la loi d'amnistie allemande de fin 1949. Il est nommé en 1953 directeur de la *Volkswirtschaftliche Gesellschaft* qui est à l'origine de la création de l'Académie des cadres dirigeants (*Akademie für Führungskrafte*) de Bad-Harzburg. Plus de 600 000 cadres de RFA y seront formés en présentiel et 100 000 autres à distance. Les grandes entreprises envoient leurs cadres supérieurs en séminaires : Aldi, BMW, Hoechst, Bayer, Telefunken, Krupp, Thyssen, Opel, Ford. Les filiales de groupes américains en Allemagne ne sont pas de reste, notamment, Esso, HP, Colgate, etc. Le « Mittelstand » si important en RFA est également présent parmi les clients de l'institut de Reinhard Höhn. Au total, plus de 200 000 entreprises bénéficieront des enseignements d'anciens nazis, comme le professeur d'université Franz Alfred Six (1909-1975), SS-Brigadeführer, membre du RSHA, dirigeant de Porsche après-guerre et l'un des principaux formateurs de Bad-Harzburg. Outre ses fonctions de direction et d'enseignement, Reinhard Höhn multiplie alors ses publications techniques sur le MBO qu'il qualifie pompeusement de « tactique de mission » (*Auftragstaktik*), une pratique d'entreprise qui serait comparable aux mutations des formations militaires qui accompagnent le « Zeitenwende » de 1806-1813. Le célèbre général prussien Gerhard von Scharnhorst (1755-1815), créateur du *Krümpersystem* qui permit alors la mise en place d'une armée de réserve par la formation rapide de soldats (Krümper) serait, selon Reinhard Höhn, le modèle des futurs chefs d'entreprise allemands. Après la défaite nazie de 1945, il s'agit en effet de retrouver la « liberté d'obéir » conditionnée par « l'obligation de réussir » dans le domaine économique, nouveau champ de bataille. C'est ce que recommande la méthode de Bad-Harzburg, le MBO, traduit par la formule générique de « délégation de responsabilité » (*Delegation von Verantwortung*). Il s'agit, selon Johann Chapoutot, du creuset d'une future cogestion (*Mitbestimmung*) généralisée. Celle-ci, via l'ordolibéralisme, serait le possible générateur d'une aliénation des esprits, susceptible de provoquer de fréquents et spectaculaires « burn-outs » des salariés.

À partir des années 1970, la réputation de Reinhard Höhn et de son institut se heurte aux critiques des revues *Vorwärts* (SPD) et du *Spiegel*. Son passé est exhumé et lui est reproché de toutes parts. Le *Manager Magazin* donnera le coup de grâce en 1979 en assimilant sa doctrine à l'âge de pierre du management. L'institut de Bad-Harzburg fait faillite en 1989, ce qui n'empêchera pas Reinhard Höhn de poursuivre conférences et publications pour son propre compte.

Analyse critique de l'ouvrage à l'horizon 2025

Johann Chapoutot aborde avec érudition un domaine laissé largement en friche par les historiens de profession, l'évolution des doctrines de gestion des entreprises. La « business history » anglo-saxonne se contente le plus souvent de monographies, n'échappant pas à certains préjugés idéologiques : les comportements des acteurs de l'économie sont relatés et appréciés à l'aune de courants de pensée manquant d'indépendance. De son côté, J. Chapoutot s'appuie sur sa connaissance approfondie de la culture allemande pour retracer la carrière de Reinhard Höhn : jeunesse sous la République de Weimar, premières années professionnelles sous le régime nazi, maturité au cours du « Wirtschaftswunder ». Selon lui, Reinhard Höhn fournit de nouvelles solutions « clefs en mains » à de grandes entreprises qui ont finalement échappé à la « décartellisation (*Entflechtung*), officiellement promise par les alliés à Potsdam. Pourtant, le soutien américain à l'économie allemande dans le contexte de la guerre froide encourageait l'implantation de méthodes de gestion qui avaient fait déjà leurs épreuves outre-Atlantique. Le MBO était en effet pratiqué avant-guerre en Europe par les filiales des multinationales américaines.

L'auteur souligne à juste titre que Reinhard Höhn, ancien Obergruppenführer SS, bénéficiera d'une quasi impunité jusqu'au début des années 1970. En cela, son sort ne diffèrera pas de ceux de nombreux chefs d'entreprise compromis par le régime nazi. Il cite, à titre d'exemple, celui de Hans Martin Schleyer, membre du NSDAP, Untersturmfüher SS, puis dirigeant de Daimler-Benz et chef du patronat allemand dans les années 1970. Il serait possible d'ajouter de nombreux noms d'acteurs économiques passés à travers les mailles du filet de la dénazification. Au-delà des approches de l'historien, on regrettera certaines conclusions hâtives en matière de doctrines de gestion. Le MBO a certes convenu aux entreprises allemandes d'après-guerre, mais sa conception était antérieure à 1940 et matière à enseignement d'Harvard et dans de nombreuses business schools. Par ailleurs, Johann Chapoutot voudrait faire de son ouvrage une « étude de cas », ce qui aurait supposé la reconstitution d'un dialogue, même fictif, avec Reinhard Höhn et/ou ses collaborateurs : c'est ce qu'exige la « disputatio » universitaire, creuset de la « méthode des cas » élargie à la discussion collective, en vigueur dans la plupart des business schools.

Sur un autre registre, le recours aux réflexions dépassées du tristement célèbre Maurice Papon (« L'ère des responsables »), citées en épilogue paraît peu convaincant au regard des considérables enjeux économiques et sociaux d'aujourd'hui et de demain, ainsi que des risques majeurs qui leur sont associés. Pour les praticiens des entreprises, le MBO vise une fonction certes essentielle, l'organisation et les RH, mais le management ne saurait négliger la nécessaire synthèse des contraintes imposées par la concurrence en matière financière et commerciale : c'est à ce difficile exercice que doivent répondre les modes de gestion des entreprises, en fonction des circonstances évolutives et des contextes géopolitiques, dans les multiples « business units » plus ou moins décentralisées de par le monde. De fait, les « doxas » en matière de gestion des entreprises dépendent, suivant les époques, des rapports de force de multiples parties prenantes concernées : clients, fournisseurs, logisticiens, technostructures, personnels, actionnaires, créanciers, États et agences gouvernementales…

Enfin la critique trop rapidement généralisée de « l'aliénation des esprits » et des violences qu'elle implique paraît ici quelque peu datée, voire redondante, ce sujet ayant été traité de façon approfondie sous divers angles par François Perroux (*Aliénation et société industrielle*), Joseph Schumpeter (*Capitalisme, socialisme et démocratie*), James Burnham (*L'ère des organisateurs*), John Kenneth Galbraith (*Le nouvel État industriel*), Peter Drucker (*The frontiers of management*), Zygmunt

Bauman (*Identité*), Ulrich Beck (*Pouvoirs et contre-pouvoirs à l'ère de la mondialisation*), René Girard (*Achever Clausewitz*) et tant d'autres de diverses nationalités, origines et expériences : tous ont relevé la portée souvent relative et toujours subjective de ce concept à géométrie variable dans différents environnements culturels à évolutions conflictuelles.

Les défis essentiels du management au XXIe siècle

Beaucoup d'eau a coulé sous les ponts du Rhin depuis la faillite de l'institut de Bad-Harzburg. Les méfaits d'une mondialisation incontrôlée ont conduit à l'hypertrophie de marchés financiers internationaux tout-puissants : ils ont acquis le pouvoir de sanctionner les performances et les échecs des entreprises et des États provoquant drames sociaux à répétition. À la fin du chapitre VIII, Johann Chapoutot pose la question cruciale du contrôle final des entreprises : « Il n'y a personne, donc, pour contrôler les contrôleurs. » En cela, comme le Ciceron des Verrines, luttant contre la corruption en Sicile, les faits actuels lui donnent raison : « Quis custodiet custodies ? ». (« Qui garde les gardiens ? »). La réponse est claire aujourd'hui : « Nemo » (« personne »). La puissance effective des marchés financiers dépasse de loin celle des États ou des organismes nationaux de contrôle. Les doctrines de gestion au sein des entreprises transnationales ne sauraient se régénérer désormais qu'à travers des dispositions émanant d'organismes à vocation planétaire promouvant des réglementations impératives de type ESG (« critères écologiques, sociaux et de gouvernance ») et disposant de pouvoirs de sanction dissuasifs, sur le plan civil et pénal. L'émergence des « Transnational Benefits Guidelines » en constitue des prémisses prometteuses, en Europe notamment. Après les règnes des théories du risque, puis des idéologies actionnariales, de nouvelles voies commencent à se dessiner, éloignées des esquisses trop régionalistes pour être extrapolables à une vision globale de l'avenir. Il s'agit d'instaurer une politique économique et sociale à l'échelle planétaire reposant sur de nouveaux équilibres de pouvoirs entre parties prenantes d'horizons culturels différents, voire antagonistes, au sein des entreprises transnationales : les résultats à plus ou moins long terme dépendront des rapports de force et des capacités de consensus dans un monde fracturé et consumériste à impératifs concurrentiels omniprésents, tributaires d'innovations technologiques incessantes, pour le meilleur et pour le pire.

Brigitte Lestrade

Actualités sociales juillet 2024

Les actualités sociales qui ont marqué cet été semblent aborder des aspects tant politiques, avec les **dissensions entre la France et l'Allemagne**, qu'économiques et sociaux. Or, l'apparence politique est trompeuse, car le conflit entre les deux pays porte en réalité sur des intérêts économiques : le projet Iris 2, qui porte sur la sécurité informatique au niveau européen, favoriserait la France, d'après le gouvernement de Berlin. Sur le plan économique, deux thématiques très différentes, l'une portant sur **le commerce extérieur avec la Chine**, qui continue d'être un partenaire incontournable, et l'autre qui évoque le problème qui se pose au pays en matière de déchets, car **l'Allemagne est le premier exportateur de déchets plastique de l'UE**. Au lieu de mettre l'accent sur les efforts nécessaires à l'évitement des déchets, le pays les envoie dans des contrées susceptibles de les prendre contre paiement... Deux coups de projecteur sur des sujets sociaux pour terminer, des thématiques qui semblent se répondre : **le nombre de naissances n'a jamais été aussi bas depuis plus de dix ans**, mais **les jeunes partent tardivement du foyer familial**. Si les démographes allemands s'étonnent de ce prolongement du séjour chez les parents – les jeunes sont peu nombreux à partir avant leurs 23 ans, comme en France, d'ailleurs – ils sous-estiment peut-être la difficulté de trouver un logement finançable qui, de surcroît, n'offre pas les agréments du foyer familial. Donc, moins d'enfants, mais qui restent chez maman-papa.

Iris 2 : dissensions entre la France et l'Allemagne

Début mai, un conflit à peine voilé a éclaté entre les deux pays au sujet d'un projet européen baptisé Iris 2 (Infrastructure pour la résilience, l'interconnectivité et la sécurité par satellite). Ce projet est une initiative conjointe de douze milliards d'euros des deux agences spatiales de l'UE, l'Agence spatiale européenne et l'Agence européenne pour le programme spatial (EUSPA). Iris 2 est considéré par ses développeurs comme une alternative européenne au système Starlink d'Elon Musk et comme un tremplin indispensable pour l'autonomie stratégique de Bruxelles par rapport aux États-Unis, à la Chine et à la Russie.

Il a pour but de créer des moyens permettant aux agences militaires et de renseignement de communiquer en toute sécurité. Ce programme, similaire à Starlink, était considéré par le gouvernement allemand comme trop favorable à la France. Iris 2 est un projet qui a pour ambition de doter l'Europe d'une infrastructure souveraine en matière d'accès à Internet, plus globalement, de sécurité informatique. Ce projet, s'il est réalisé, permettra aux pays de l'Union européenne d'être indépendant dans ce domaine, d'après le commissaire européen Thierry Breton, qui a salué la belle unanimité des pays européens sur ce projet. Unanimité oui, sauf un pays, l'Allemagne.

C'est en effet au moyen d'un courrier très énergique envoyée à la Commission européenne de Bruxelles que le ministre allemand de l'Économie, Robert Habeck, s'est vivement opposé à ce projet – une lettre au vitriol, d'après la presse française, qui est unanime à critiquer le ton peu diplomatique de la missive. Le gouvernement de Berlin estime en effet qu'il est trop favorable à la France. Iris 2, comme Starlink, est un projet qui vise à doter les pays européens d'une infrastructure souveraine en matière de sécurité informatique, notamment d'accès à Internet. Il est censé offrir une alternative européenne au système américain privé Starlink développé par le milliardaire américain Elon Musk, soit 5 400 satellites, dont dépendent notamment les militaires ukrainiens. Pour la France, il s'agit d'une priorité stratégique, susceptible d'assurer l'autonomie de l'UE dans le domaine spatial. Un progrès considérable, un pas de géant même, d'après le commissaire européen Thierry Breton, qui s'est félicité de voir que tous les pays européens étaient sur la même longueur d'onde. Du moins, étaient. Car l'Allemagne n'est finalement plus en sa faveur. Selon M. Habeck, l'appel d'offres lancé en 2023 pour trouver les entreprises et start-up partenaires a été mal configuré. Et face aux enjeux que ce projet représente, les décisions à prendre doivent l'être de manière réfléchie et non pas à la hâte, d'après lui. En effet, selon Berlin, les conséquences sur le programme Iris2 pourraient être catastrophiques. Mais les vraies raisons sont à chercher ailleurs. Le programme Iris2 est en fait accusé de principalement servir les intérêts aérospatiaux français. Les poids lourds Airbus et Thales sont directement concernés tandis que du côté allemand, seul le groupe OHB pourrait être intégré. Une concurrence moindre, qui fait que l'appel d'offres lancé serait trop peu compétitif, favorisant ainsi Paris. C'est en tout cas ce que semble penser Robert Habeck, ministre allemand de l'économie. Il estime que l'industrie spatiale allemande devrait être davantage associé au projet. Il n'en reste pas moins que le programme Iris 2, s'il est lancé avec succès, peut constituer un pilier clé pour les gouvernements européens dans le domaine des opérations de renseignement et de gestion des catastrophes, capable de transporter des charges militaires, selon M. Breton lui-même, qui n'a pas nié les objectifs militaires éventuels du système satellitaire.

Commerce extérieur : la Chine, un partenaire commercial incontournable

En 2023, la Chine était le principal partenaire commercial de l'Allemagne, et ce pour la huitième année consécutive. Selon des résultats provisoires de l'Office fédéral de statistiques (Destatis), des marchandises d'une valeur de 254,4 milliards d'euros ont été échangées en 2023 entre l'Allemagne et la République populaire de Chine (exportations et importations). En deuxième et troisième position, on trouve les États-Unis, avec des échanges de marchandises d'un montant de 252,5 milliards d'euros, et les Pays-Bas, avec un chiffre d'affaires du commerce extérieur de 220,3 milliards d'euros. Avec un volume d'échanges de 170,3 milliards d'euros en 2020, la France continue d'être aussi l'un des principaux partenaires commerciaux de l'Allemagne.

L'année dernière, la Chine a certes conservé sa position de premier partenaire commercial de l'Allemagne, mais juste devant les États-Unis. Le volume des importations et des exportations n'était que de 0,7 milliard d'euros supérieur à celui des échanges de marchandises avec les États-Unis, qui a atteint 252,3 milliards, d'après Destatis. L'écart s'est donc nettement réduit, car l'année précédente, la différence était encore de 50,1 milliards d'euros. La troisième place est à nouveau occupée par les Pays-Bas, avec des exportations et des importations d'une valeur totale de 214,8 milliards d'euros, soit un recul de 5,5 %. La République populaire a été le principal partenaire commercial de l'Allemagne, mais la valeur des importations de marchandises en provenance de Chine a chuté de 19,2 % l'année dernière, pour atteindre 155,7 milliards d'euros. Parallèlement, la valeur des marchandises exportées vers la Chine a baissé de 8,8 pour cent pour se limiter à 97,3 milliards d'euros. Il en résulte un déficit commercial de 58,4 milliards d'euros – le deuxième plus important avec la Chine depuis le début de la série de données en 1950, après le record de 86,1 milliards en 2022.

La Chine (199,3 milliards) dépasse la France et les Pays-Bas (189,4 milliards), mais il s'agit d'une évolution mondiale. La balance commerciale allemande avec la France, très déséquélibrée, était de 40,3 milliards d'euros. En 2020, l'Allemagne a exporté des biens vers la France pour une valeur de 105,3 milliards d'euros et les importations en provenance de France se sont élevées à 65 milliards d'euros. Une des raisons avancées par les spécialistes pour expliquer ce déséquilibre est la prédominance de la production de biens en Allemagne comparée à celle de services en France.

Toutefois, « la position dominante de la Chine dans le commerce extérieur avec l'Allemagne s'effrite », écrivait récemment dans une étude la société allemande de commerce extérieur Germany Trade and Invest (GTAI), propriété du gouvernement fédéral. La raison en est avant tout l'affaiblissement de la conjoncture chinoise. « La crise immobilière, les risques géopolitiques par rapport aux États-Unis et l'affaiblissement des investissements industriels y contribuent », précisait-on. En outre, les entreprises allemandes modifient leur stratégie sur le marché chinois. Si les développements commerciaux de l'année dernière se poursuivent, les États-Unis dépasseront la Chine en tant que principal partenaire commercial de l'Allemagne au plus tard en 2025, d'après Volker Treier, chef de l'économie extérieure de la Chambre allemande de l'industrie et du commerce (DIHK). « Pour l'instant, il n'y a pas de signe d'une augmentation radicale de la demande de produits made in Germany de la part de la Chine », selon lui. En raison de son intégration étroite dans l'économie mondiale, l'emploi en Allemagne est donc très dépendant de l'ouverture des marchés et du commerce international : environ 27 % des emplois allemands dépendent directement ou indirectement des exportations, et même environ 54 % dans l'industrie manufacturière, d'où l'importance du marché chinois pour l'économie allemande.

L'Allemagne : premier exportateur de déchets plastiques de l'UE

Avec 5,67 millions de tonnes en 2022, l'Allemagne fait partie des pays industrialisés qui produisent énormément de déchets plastiques – ce qui n'est pas surprenant, étant donné que la consommation annuelle de plastique est de 12,4 millions de tonnes. Sur cette quantité, 99,4 % ont été recyclés sous forme de matière ou d'énergie. Toutefois, que faire de ce qui reste ? C'est la voie des exportations. Ainsi, en 2022, l'Allemagne était le plus grand exportateur de déchets plastiques de l'UE, avec 734 100 tonnes. La plus grande quantité a été exportée vers les Pays-Bas (deuxième plus grand exportateur de déchets plastiques de l'UE, avec un grand port de transbordement à Rotterdam), suivi de la Turquie et de la Pologne. En 2022, la Malaisie, l'Indonésie et le Vietnam faisaient partie des pays non membres de l'OCDE qui recevaient le plus de déchets plastiques en provenance d'Allemagne.

Si, l'année dernière encore, la plupart des déchets plastiques exportés d'Allemagne l'ont été vers les Pays-Bas, ce n'est pas pour qu'ils y restent, mais pour qu'ils y transitent. Avec près de 131 600 tonnes, près d'un cinquième (19 %) de tous les déchets plastiques exportés étaient destinés au voisin européen qui, avec le port de Rotterdam, possède un important centre de transbordement pour le fret maritime.

Avec la Malaisie en deuxième position, un pays asiatique figurait à nouveau en 2023 – contrairement aux deux années précédentes – parmi les trois principaux pays acheteurs de déchets plastiques. Plus de 90 500 tonnes de déchets plastiques y ont été exportées depuis l'Allemagne, soit environ un tiers (34 %) de plus que l'année précédente. La Turquie arrive en troisième position avec 87 100 tonnes.

Toutefois, les industriels du pays ont pris conscience du problème, peut-être aussi en raison des réticences croissantes des pays voisins à se charger du traitement des déchets produits par le pays. L'Allemagne s'efforce donc d'exporter de moins en moins de déchets plastiques à l'étranger. En 2023, le pays a exporté globalement un peu plus de 694 000 tonnes de déchets plastiques. Comme l'indique l'Office fédéral des statistiques (Destatis) à l'occasion de la Journée mondiale des océans le 8 juin, la quantité de déchets plastiques exportés a donc presque diminué de moitié (-48 %) au cours des dix dernières années. Cela s'explique notamment par les restrictions imposées par certains pays asiatiques à l'importation de déchets plastiques. En 2013, un peu plus de 1,3 million de tonnes étaient encore exportées d'Allemagne. Par rapport à 2022, la quantité de déchets plastiques exportés a diminué de 8 % en 2023.

Dans le contexte des tourbillons de plastique dans les océans et de la propagation mondiale des microplastiques, la gestion des déchets plastiques préoccupe également la communauté internationale. En 2023, l'Allemagne était toujours le plus gros exportateur de déchets plastiques de l'UE. Selon l'autorité statistique européenne Eurostat, le deuxième plus grand exportateur de déchets plastiques dans l'Union européenne (UE) était les Pays-Bas avec plus de 550 500 tonnes, suivis par la Belgique avec une quantité d'exportation de près de 436 400 tonnes.

Au total, près de 5,7 millions de tonnes de déchets plastiques ont été générées en 2021. Sur cette quantité, 99,4 % ont été recyclés sous forme de matière ou d'énergie (voir la figure « Évolution du recyclage des déchets plastiques »). S'y ajoutent un peu plus de 0,6 million de tonnes de sous-produits issus du processus de production et de transformation, qui n'ont toutefois pas été générés en tant que déchets, mais ont été réintégrés dans le processus de fabrication.

Nombre de naissances au plus bas depuis 2013, mais pas d'aménagement de l'allocation parentale

À l'occasion de la fête des Mères le 12 mai 2024, l'Office fédéral de statistique de Nuremberg (Destatis) a communiqué quelques informations sur le nombre d'enfants nés dans les familles tant à l'ouest qu'à l'est du pays. En 2022, année la plus récente dont les données sont disponibles, l'Allemagne comptait au total 20,3 millions de mères âgées de 15 à 75 ans. Près des deux tiers (64 %) de toutes les femmes de ce groupe d'âge ont donné naissance à au moins un enfant. D'après Destatis, 6,6 millions de femmes étaient mères d'un enfant (33 % de toutes les mères ou 21 % de toutes les femmes), 9,4 millions de femmes ont donné naissance à deux enfants (47 % de toutes les mères ou 30 % de toutes les femmes) et 4,2 millions de femmes ont eu trois enfants ou plus (21 % de toutes les mères ou 13 % de toutes les femmes).

À la fin de la phase typiquement féconde, entre 45 et 54 ans, une femme sur cinq (20 %) en Allemagne n'a pas d'enfants, une femme sur quatre (25 %) est mère d'un enfant, plus d'une femme sur trois (37 %) a deux enfants et près d'une femme sur six (17 %) est la mère de trois enfants ou plus. Il existe toujours des différences significatives entre les femmes des Länder de l'Est et de l'Ouest en ce qui concerne la maternité et le nombre d'enfants. Dans les Länder de l'Est, les femmes ont plus souvent des enfants que dans les Länder de l'Ouest, mais elles sont moins nombreuses à avoir donné naissance à plus d'un enfant. Sur trente-huit régions, les sept régions présentant le taux le plus faible de sans-enfants se trouvent dans les Länder de l'Est. Seules 12 à 17 % des femmes âgées de 45 à 54 ans y sont sans enfant. La seule exception est Berlin avec un taux sans enfant de 24 %. Parallèlement, dans six des huit régions de l'Est, la proportion de mères ayant trois enfants ou plus par rapport à l'ensemble des femmes âgées de 45 à 54 ans (10 à 13 %) est nettement inférieure à la moyenne nationale (17 %). Seules Berlin (15 %) et la région de Dresde (16 %) comptent davantage de mères de trois enfants ou plus.

Toutefois, le gouvernement n'envisage pas de soutenir les familles sur le plan financier, au contraire. Pour les naissances à partir du 1er avril 2024, le seuil de revenu à partir duquel les parents n'ont plus droit à l'allocation parentale est fixé à 200 000 euros de revenu imposable pour les couples et les familles monoparentales, et à 175 000 euros de revenu imposable pour les naissances à partir du 1er avril 2025. La coupe est sévère, car pour les naissances à partir du 1er septembre 2021 jusqu'au 31 mars 2024 inclus, le plafond de revenu avait été fixé à 300 000 euros pour les couples et à 250 000 euros pour les familles monoparentales. Le revenu déterminant est le revenu imposable de l'année civile précédant la naissance de l'enfant.

En outre, la possibilité pour les parents de percevoir parallèlement l'allocation parentale de base sera réaménagée pour les naissances à partir du 1er avril 2024. La perception simultanée de l'allocation parentale de base ne sera en principe plus possible que pour un mois maximum et uniquement au cours des douze premiers mois de la vie de l'enfant. Quelques exceptions ont été prévues : les parents d'un enfant prématuré né au moins six semaines avant la date prévue de l'accouchement, les parents de jumeaux, de triplés ou d'autres enfants multiples ainsi que les parents d'un nouveau-né handicapé ayant un frère ou une sœur dans la même situation pour lequel/laquelle ils reçoivent le bonus fratrie peuvent continuer à percevoir simultanément l'allocation parentale de base selon leurs besoins. Le gouvernement de Berlin n'envisage pas de modification du système dans un avenir proche.

Il estime en effet qu'il ne s'agit pas d'une prestation sociale classique visant à compenser, à pallier ou à redistribuer des situations de détresse. L'objectif de l'allocation parentale est d'atteindre toutes les familles dans ce qu'il appelle « le vaste milieu de la société ». Mais les consignes d'économies strictes du ministre fédéral des Finances s'appliquent également au ministère fédéral de la Famille. L'allocation parentale étant le poste le plus important du budget du ministère fédéral de la Famille, sa marge de manœuvre est donc très étroite, ce qui explique les mesures financières prises.

Départ tardif des jeunes du foyer familial

De nombreux jeunes adultes vivent encore chez leurs parents. En 2023, plus d'un quart (28 %) des jeunes de 25 ans en Allemagne vivaient encore chez leurs parents, selon l'Office fédéral des statistiques (Destatis) qui s'est basé sur les résultats du micro-recensement. Cette proportion est restée pratiquement inchangée depuis 2020. Les fils prennent un peu plus de temps pour déménager : à l'âge de 25 ans, un garçon sur trois (33 %) vivait encore chez ses parents en 2023. Chez les filles, c'est un peu plus d'une sur cinq (21 %). La différence entre les sexes se maintient également avec l'âge. À 30 ans, 13 % des hommes vivaient encore chez leurs parents, contre seulement 6 % des femmes. Entre 30 et 40 ans, ces proportions diminuent nettement : à 40 ans, seuls 5 % des hommes et environ 2 % des femmes vivaient encore chez leurs parents.

Selon les données d'Eurostat, l'âge moyen auquel les enfants ont quitté le domicile familial en Allemagne en 2023 (23,9 ans) est nettement inférieur à la moyenne européenne (26,3). Mais dans les pays d'Europe du Nord, les enfants quittent la maison encore plus tôt. Avec 21,4 ans, la Finlande a l'âge de départ le plus bas. Au Danemark et en Suède (21,8 ans chacun), les enfants quittent également le domicile familial relativement tôt. En revanche, l'âge de départ est relativement élevé dans les pays d'Europe du Sud et de l'Est. La valeur moyenne la plus élevée (31,8 ans) a été constatée en Croatie. Mais les enfants ont également quitté tardivement le domicile de leurs parents en Slovaquie (31,0), en Grèce

(30,6) et en Espagne (30,4), ainsi qu'en Italie et en Bulgarie (30,0 chacun).

Les différences d'âge de départ entre les pays européens s'expliquent par différents facteurs. Il s'agit notamment :

- des différences culturelles : dans certains pays, il est courant que les enfants adultes restent encore chez leurs parents ;
- des facteurs économiques : dans les pays où le coût de la vie est élevé, il est souvent plus difficile pour les jeunes de s'offrir leur propre logement.
- des systèmes éducatifs : dans les pays où les études sont longues, il est souvent plus judicieux pour les jeunes de vivre encore chez leurs parents.

Selon les estimations d'Eurostat, l'autorité statistique de l'UE, l'âge moyen du départ du domicile parental en Allemagne était de 23,8 ans en 2022. Avec 24,5 ans, les fils prennent en moyenne un peu plus de temps pour quitter le foyer familial que les filles (23,0 ans). Au total, 27,3 % des jeunes de 25 ans et 9,2 % des jeunes de 30 ans vivaient encore chez leurs parents en 2022. En comparaison européenne, l'âge moyen auquel les jeunes quittent le domicile familial est donc relativement bas en Allemagne. Dans certains pays, ils quittent le domicile parental bien plus tard, la moyenne européenne étant de 26,4 ans. Ce que tous les pays de l'UE ont en commun : les femmes quittent le domicile familial plus tôt que les hommes.

Dans les pays du sud et de l'est de l'Europe, comme l'Italie, l'Espagne et la Slovaquie, les jeunes quittent le foyer familial beaucoup plus tard en moyenne. La Croatie est en tête de l'UE concernant l'âge de départ de leurs jeunes : ils ont en moyenne 33,4 ans. En revanche, dans les pays d'Europe du Nord comme la Suède, la Finlande et le Danemark, les jeunes adultes deviennent indépendants bien plus tôt et quittent le foyer familial en général au début de la vingtaine. Les jeunes Finlandais quittent le nid parental en moyenne à 21,3 ans déjà, soit plus de deux ans plus tôt que les Allemands ou bien que les Français dont le comportement dans ce domaine est très voisin de celui des jeunes Allemands.

Brèves

Évolution légèrement positive de l'emploi

Au 1er trimestre 2024, près de 45,8 millions de personnes étaient en activité en Allemagne. Selon les calculs provisoires de l'Office fédéral de staistique (Destatis), le nombre d'actifs occupés a augmenté par rapport au trimestre précédent, corrigé des variations saisonnières, de 38 000 personnes (+0,1 %), après une hausse négligeable de 21 000 personnes (0,0 %) au 4e trimestre 2023 et une baisse de 10 000 personnes (0,0 %) au 4e trimestre 2014. L'emploi a donc évolué de manière positive au début de l'année 2024, d'après les estimations des sources officielles.

Important potentiel de travailleurs inutilisé

En 2023, près de 3,2 millions d'Allemands actuellement sans emploi souhaitaient travailler. Selon l'Office fédéral de la statistique (Destatis), sur la base du micro-recensement et de l'enquête sur les forces de travail, cela représentait près de 17 % de toutes les personnes inactives. Cette réserve dite silencieuse comprend les personnes sans emploi qui ne sont pas disponibles à court terme sur le marché du travail ou qui ne recherchent pas activement un emploi pour le moment, mais souhaitent néanmoins travailler. Elles ne font donc pas partie des 1,4 million de chômeurs, mais sont considérées comme un groupe à part qui représente un autre potentiel de main-d'œuvre inutilisé.

Énergies renouvelables dans l'agriculture

Sur les 255 000 exploitations agricoles que compte l'Allemagne, 65 100 exploitations, soit un peu plus d'un quart (26 %), disposaient en 2023 d'installations de production d'énergie renouvelable. Selon les résultats de l'enquête sur les structures agricoles 2023 de Destatis, il s'agissait surtout d'exploitations avec des installations photovoltaïques (61 200 exploitations (94 %). Parmi les exploitations disposant d'installations de production d'énergies renouvelables, 15 % (9 500) utilisaient en outre la biomasse, 5 % (3 600) l'énergie éolienne, 5 % (3 300) l'énergie solaire et 1 % (700) l'énergie hydraulique.

Recul de l'importance des familles

En Allemagne, de moins en moins de personnes vivent au sein d'une famille. En 2023, cela concernait 49 % de la population, soit 41,3 millions de personnes, une proportion en baisse, comme l'a annoncé l'Office fédéral de statistique Destatis à l'occasion de la Journée de la famille le 15 mai. En 2005, on recensait encore 53 % de la population qui vivait en famille, soit 43,7 millions de personnes. Sont considérées comme familles les communautés de parents et d'enfants vivant dans un même foyer indépendamment du nombre de parents et de l'âge des enfants. Les familles sont proportionnellement plus nombreuses à la campagne que dans les grandes villes, mais les différences s'estompent. Ce recul s'explique notamment par le vieillissement de la population.

Mais : les pères plus actifs qu'avant

Les pères passent plus de temps à s'occuper de leurs enfants qu'auparavant, mais toujours moins que les mères. En 2022, les pères consacraient en moyenne 1 heure et 19 minutes par jour à leurs enfants, selon les résultats de l'enquête sur l'utilisation du temps passé en famille conduite par l'Office fédéral de statistique à l'occasion de la fête des Pères. Dix ans auparavant, selon l'enquête sur l'utilisation du temps 2012/2013, les pères passaient en moyenne 51 minutes par jour pour s'occuper de leurs enfants, soit près d'une demi-heure de moins qu'en 2022.

Baisse inquiétante du nombre de médecins

L'Allemagne risque d'avoir un problème concernant la couverture médicale. Une grande partie des médecins allemands devrait en effet partir à la retraite dans les années à venir pour des questions d'âge. En 2023, 31 % des médecins en médecine humaine et dentaire auront 55 ans et plus, selon l'Office fédéral de la statistique (Destatis) qui s'est basé sur des données du micro-recensement. La part de ce groupe d'âge est en effet nettement supérieure à celle de l'ensemble de la population active (26 %) ; en dix ans, le nombre de médecins en médecine humaine et dentaire au total a certes augmenté de 23 % pour atteindre 502 000 en 2023, mais la part de la tranche d'âge des 55 ans et plus a aussi augmenté chez les médecins : dix ans plus tôt, elle était encore de 26 % en médecine humaine et dentaire. En revanche, la part des médecins d'âge moyen a diminué : 48 % avaient entre 35 et 54 ans, alors qu'ils étaient encore 54 % en 2013. La proportion de jeunes collègues de moins de 35 ans n'a guère évolué et s'élevait dernièrement à 21 % (2013 : 20 %).

brigitte.lestrade@free.fr

Comptes rendus

Sylvie Le Grand

Ernst-Wolfgang Böckenförde (1930-2019), médiateur entre catholicisme et social-démocratie, une pensée théologico-politique
Paris, éditions du Cerf, 2023

À l'occasion de sa thèse d'habilitation soutenue en 2016 à l'université de Toulouse-Jean Jaurès, Sylvie Le Grand avait choisi de consacrer son travail de recherche au juriste Ernst-Wolfgang Böckenförde (1930-2019). Cette étude passionnante a été publiée aux éditions du Cerf (Collection Patrimoines) en mars 2023. Le lecteur est heureux d'y découvrir une personnalité largement méconnue en France.

Acteur de l'ombre, Ernst-Wolfgang Böckenförde a non seulement contribué à l'apaisement et la clarification des relations entre l'Église catholique et le pouvoir de Bonn dans l'Allemagne d'après-guerre mais également apporté une réflexion sur l'État sécularisé. Au-delà de sa formule qui l'a rendu célèbre « L'État libéral, sécularisé vit de présupposés qu'il n'est pas lui-même en mesure de garantir. C'est le grand défi qu'il a entrepris de relever au nom de la liberté[1] » l'œuvre de Böckenförde dévoile une réflexion soucieuse de prendre en compte l'interaction entre les fondements de l'État de droit et ceux de l'Église catholique dans le respect des positions de chacune de ses institutions.

La pensée de Böckenförde englobe la complexité conférée par le croisement de ses formations et intérêts : docteur en droit et en histoire[2], disciple critique du juriste Carl Schmitt avec lequel il entretient une intense correspondance, il consacre nombre de ses essais aux relations entre Église et État. Soucieux de donner sens à son engagement au sein de l'Église catholique, il va parallèlement à sa carrière d'universitaire[3] œuvrer pour un dialogue apaisé entre les instances religieuses et politiques, respectueux des divergences exprimées de part et d'autre sans pour autant céder à la compromission.

L'angle d'approche choisi par Sylvie Le Grand nous permet d'entrer dans la complexité de ce parcours où s'entremêle une réflexion juridique étayée par une réflexion théologique et philosophique, à

1. Ernst-Wolfgang Böckenförde : Die Entstehung des Staates als Vorgang der Säkularisation (1964/1967), cité et traduit en français par Olivier Jouanjan dans Ernst-Wolfgang Böckenförde, « Le droit, l'État et la constitution démocratique. Essais de théorie juridique, politique et constitutionnelle, Paris, LGDJ, 2000, p. 101-118.

2. Sa thèse de droit publiée en 1958 chez Duncker & Humblot portait sur le thème « Gesetz und gesetzgebende Gewalt ». Il soutient en 1960 sa thèse d'histoire sur l'histoire constitutionnelle allemande au XIXe siècle, préparée sous la direction de Franz Schnabel.

3. Ernst-Wolfgang Böckenförde a été professeur en droit public, histoire du droit constitutionnel et philosophie du droit aux Universités de Heidelberg (1964-1969), Bielefeld (1969-1977) et Freiburg im Breisgau (1977-1995).

la lumière des enseignements de l'histoire récente de l'Allemagne. Après avoir dressé en préliminaire de la première partie de son étude un tableau du catholicisme allemand dans le paysage politique de la RFA entre 1957 et 1967, l'auteure nous présente dans un deuxième chapitre les essais de jeunesse de Böckenförde, à l'origine de sa pensée théologico-politique : « L'Ethos de la démocratie et l'Église » (1957), « La liberté de religion comme mission des chrétiens » (1964/1965), « La naissance de l'État comme processus de sécularisation » (1967). Le lecteur y apprend entre autres que le futur professeur de droit public adopte dans son essai « Le catholicisme allemand en 1933 » (1961) un point de vue novateur en traitant le sombre passé de l'Église catholique durant la période du national-socialisme, de façon structurelle, au-delà de la notion de faute et de la culpabilité.

On comprend que les travaux de Böckenförde aient suscité l'attention des différents partenaires impliqués dans les discussions ayant trait aux relations entre l'Église catholique et l'État. C'est ce à quoi s'emploie la deuxième partie de l'ouvrage. Il y est montré comment Böckenförde a endossé de façon naturelle le rôle de médiateur dans les pourparlers entre les instances de l'État et de l'Église. Proche du parti social-démocrate auquel il adhère en 1967, il prépare l'argumentation des discours du Chancelier Helmut Schmidt en 1976 sur les réformes en cours (législation sur l'avortement entre autres), en réponse aux accusations de l'Église catholique, réduisant le débat à la dimension morale et religieuse de la problématique au détriment des droits fondamentaux inscrits dans la Constitution.

Une deuxième fois au moins, la chancellerie fait appel aux qualités de médiateur de Böckenförde : c'est lui qui inspire largement l'intervention d'Helmut Schmidt au Katholikentag de septembre 1982 en veillant à ce que son argumentaire respecte la sensibilité d'une jeunesse cristallisée sur les enjeux brûlants liés à l'installation des fusées américaines Pershing II.

Mais l'intérêt de l'œuvre et de l'engagement de Ernst-Wolfgang Böckenförde dépasse le contexte historique et politique d'une époque. Dans la troisième partie de l'ouvrage, Sylvie Le Grand dresse le portrait intellectuel, moral et ecclésiologique de ce grand penseur, qui n'a eu de cesse de promouvoir le dialogue au sein de l'Église. Partie prenante du « Cercle de discussion catholique » entre 1986 et 1999, il participe à l'élaboration de deux textes publiés par le collectif : le problème de la médiation dans l'Église (1992) et les femmes dans l'Église (1996).

Un dernier chapitre dédié à l'analyse de la pensée théologico-politique de Böckenförde apporte un éclairage complémentaire sur le cheminement de ce grand intellectuel. L'auteure y analyse parmi les nombreuses publications de Böckenförde, quatre documents[4] caractéristiques des constantes de sa pensée théologico-politique, « de son souci d'objectivation des problématiques au-delà des polarisations idéologiques[5] » : si Böckenförde a soin de différencier les effets politico-sociaux de la Révélation du message du salut, il voit dans le pontificat de Jean-Paul II une concrétisation du postulat selon lequel l'Église a pour mission de s'engager « pour les droits de l'homme et la dignité humaine, pour les pauvres et ceux qui souffrent, le refus de la violence[6] ». Parallèlement à cette prise de position, il se fait l'écho du théologien Hans Küng en faisant la distinction entre l'infaillibilité de l'Église et la présomption de faillibilité du pape.

On retiendra de la carrière de ce grand juriste, qui a été en outre membre de la Cour constitutionnelle de Karlsruhe entre 1983 et 1996, son rôle essentiel de médiateur dans le dialogue entre l'Église et l'État mais aussi la dimension universelle de sa pensée, mettant en garde contre la tentation de l'amalgame, faisant constamment appel

4. Les quatre documents étudiés sont : Le mandat politique de l'Église (1969) / La théologie politique de Jean-Paul II (1980) / Théorie politique et théologie politique (1981-1982) / Église, État, Société (1982).
5. Sylvie Le Grand : p. 247 de l'ouvrage présenté.
6. Sylvie Le Grand : p. 362 de l'ouvrage présenté.

aux vertus de l'intelligence et du discernement. Ses prises de position, évoquées dans le dernier chapitre de l'ouvrage, par rapport à la confrontation du passé, que ce soit celui de la période nationale-socialiste ou celui plus récent de la RDA, montrent que le souci de la nuance et de l'ajustement à la réalité a été le fil conducteur de son œuvre.

On ne peut que se réjouir de la publication de la thèse d'habilitation de Sylvie Le Grand, et cela à plus d'un titre : outre son intérêt politique et historique, qui en fait un ouvrage de référence dans la littérature ayant trait à l'histoire de la RFA, elle nourrit la réflexion sur la sécularisation, le traitement de la faute et du passé, de la tolérance à l'aune du pouvoir. Un ouvrage d'une singulière actualité.

– Catherine TALANDIER –

Catherine Wermester

Représentations de mutilés de guerre en Allemagne (1914-1933), une étude visuelle
Strasbourg, Presses universitaires de Strasbourg, 2024, 312 p.

La société allemande à l'époque de la Première Guerre mondiale et de la république de Weimar a compté deux millions sept cent mille hommes mutilés de guerre, objets d'une attention médicale et politique aux ressorts complexes et paradoxaux. Cette étude se propose de mettre au jour la manière dont fut traitée la douloureuse question de la réinsertion sociale et économique de ces estropiés et d'analyser la façon dont l'abondante presse satirique de l'époque représenta ces victimes.

Historienne de l'art, l'auteure étudie un large corpus d'illustrations extraites de périodiques satiriques connus, tels le populaire *Simplicissimus* ou les revues social-démocrates *Der wahre Jakob/Lachen links*. Le terme de « représentation » qui donne son titre à l'ouvrage est défini comme un processus créatif apte à déplacer le regard et à combiner des éléments séparés et distants. Le sous-titre renvoie à la culture visuelle, entendue comme un rapport social entre des personnes médiatisées par des images. L'ouvrage a donc une forte teneur socio-historique, et s'attache à démontrer comment les différents pouvoirs et courants politiques se sont saisis de ce groupe de « monuments vivants du massacre ».

Est étudiée d'abord la figure du mutilé comme victime expiatoire et rédemptrice par son sacrifice, représentation fréquemment utilisée par la propagande belliciste. Les analyses montrent cependant que la compatibilité entre mutilation et héroïsme s'efface progressivement, à mesure que le nombre d'estropiés grandit et qu'ils incarnent la honte de la défaite. Les connotations négatives, voire méprisantes, du terme « Krüppel » renvoient à l'exclusion progressive du corps social de ces mutilés.

L'étude des moyens techniques mis en œuvre pour soigner ces hommes à l'aide de nouvelles prothèses et d'opérations orthopédiques montre très bien l'ambivalence du traitement de ces mutilés dans la société d'après-guerre. Progrès de la médecine et de la chirurgie aidant, il s'agit en effet de faire disparaître du champ visuel les mutilés mendiant pour survivre et les invalides joueurs d'orgue de barbarie, vestiges de guerres anciennes. La prise en charge médicale vise à leur réintégration dans la société par le travail, afin de ne pas grever le développement économique de la république de Weimar. Cette politique de réinsertion à marche forcée masque mal que le handicap reste une différence mal supportée dans l'espace public et les nombreuses analyses de dessins satiriques donnent à voir comment l'exclusion sociale se fabrique.

On perçoit, au fil des analyses ponctuelles, comment les différents partis politiques de la république de Weimar ont instrumentalisé le groupe des mutilés de guerre. Les mutilés furent l'objet d'une grande attention, dont l'ambivalence apparaît clairement dans les analyses de ce livre : incarnant en même temps la bravoure et les horreurs de la guerre de tranchées, renvoyant à l'image virile de courageux soldats, mais trop estropiés pour correspondre aux figures héroïques de la propagande, ils n'eurent finalement pas la reconnaissance symbolique qu'ils auraient pu attendre.

L'apport principal de cet ouvrage tient à la finesse des analyses de dessins satiriques dont le potentiel critique est constamment mis au jour et utilisé pour reconstituer le contre-discours des observateurs contemporains. Sa lecture vient donc enrichir les connaissances sur la société allemande au temps de la république de Weimar et, plus généralement, sur la question des sorties de guerre.

– Anne-Marie SAINT-GILLE –

Rudolf HERRMANN
1942-2024

Né le 28 novembre 1942 à Ludwigshafen, Rudolf Herrmann est décédé à Bad Honnef le 21 mai 2024. Notre première rencontre remonte au début des années 1980 au siège de l'OFAJ alors à Bad Honnef quand il avait estimé que la question de la dénazification devait intéresser le personnel de l'OFAJ. Les Presses universitaires de Lille venaient de publier un ouvrage préparé sous ma direction sous le titre *La dénazification par les vainqueurs* (1981) sur la politique culturelle des occupants en Allemagne (1945-1949). Le sujet n'allait pas de soi au sein de l'OFAJ alors que la thématique privilégiée était alors celle de la réconciliation, entre autres au prix de l'oubli du passé. Historien et politologue de formation après des études à Heidelberg et Paris, R. Herrmann s'inscrivait dans le mouvement d'ouverture à l'international de la Jeunesse chrétienne allemande qu'il a présidée en 1963-1964 avant de devenir le secrétaire européen de la Jeunesse étudiante catholique internationale (1964-1966) et de diriger les relations internationales de la Fédération allemande des jeunesses catholiques (1968-1974). Ouverture à la France, devenue sa seconde patrie, et à l'international, R. Herrmann était un grand voyageur mais il était resté ancré dans son pays natal, la Rhénanie-Palatinat, dont il aimait à rappeler le dialecte palatin.

Une autre rencontre eut lieu dans un bureau exigu du siège parisien de l'OFAJ, rue Casimir Delavigne, à deux pas de l'Odéon, quand il s'agit de préparer un numéro spécial d'*Allemagne d'aujourd'hui* pour le 20e anniversaire du Traité de l'Élysée (No 84/1983). Le sommaire était tout un programme d'histoire culturelle et politique. L'esprit d'ouverture de Rudolf Herrmann a fait que l'OFAJ accepta alors la publication d'un texte plutôt polémique sur l'OFAJ, intitulé « Pour un "Office" politique ». Rudolf Herrmann avait des engagements mais il était un esprit libre à l'écoute des évolutions du monde, qui voulait déplacer les lignes figées du passé. Après en avoir été le chef adjoint à compter de 1974, il venait de prendre, en 1981, la direction du Service de presse et d'information de l'OFAJ, fonction qu'il a occupée jusqu'en 1989. En 1990 il était devenu coordinateur de l'OFAJ pour le côté allemand faisant la navette entre Paris, Berlin et Bad Honnef où il avait conservé son domicile familial. Il l'est resté jusqu'à son départ à la retraite en 2006. Après l'unification il a orienté l'OFAJ vers les nouveaux Länder, ayant bien compris que l'Allemagne de l'Est n'avait pas connu sous la même bannière les mérites du franco-allemand, il l'a également inscrit dans le cadre du Triangle de Weimar en Pologne comme en France.

Entré au comité de rédaction de la revue, il l'a accompagnée de ses avis et de ses publications, en particulier lors de la mise au point d'un dossier sur « Les réformes territoriales en France et en Allemagne » (No 212/2015), consacrant un article au « mille-feuilles » allemand. R. Herrmann a eu une fonction de commentateur et conseiller franco-allemand pour de nombreux organismes dont la Radio sarroise, la revue *Dokumente*, Radio France internationale et la commission radiophonique franco-allemande, l'Association des juristes franco-allemands dont il a été le trésorier, les CRDP français et leurs équivalents allemands, etc. Son activité était restée foisonnante, il aimait lire mais aussi jouer du piano et, à l'occasion, de l'orgue... Nous aimions nous rencontrer sur les bords du Rhin avec son épouse, Hilde, dans un restaurant au nom à la fois intimiste et orienté vers l'avenir, *Bellevuechen*. Sa conversation, son regard critique mais aussi amusé sur le monde, son esprit caustique nous manqueront.

À Hilde Herrmann et à sa famille, nous présentons nos sincères condoléances.

– Jérôme VAILLANT –

abonnement
DIFFUSION

Chers abonnés et chers lecteurs,

nous approchons de la fin de l'année ! C'est le moment de vérifier si vous êtes à jour de votre abonnement pour l'année en cours et de le renouveler pour 2025, les tarifs restant inchangés par rapport à ceux des années précédentes. Pour vous faciliter votre prise de décision, nous pouvons vous confirmer les différents dossiers prévus dans le programme éditorial de 2025 :

Programme éditorial prévisible pour 2025

La renaissance de la géopolitique dans l'action et la pensée politiques en France et en Allemagne, dossier réalisé sous la direction de Daniel Göler, Reiner Marcowitz et Stephan Martens, publié avec le concours du CIERA, No 251, janvier-mars 2025

Le renouveau des musées en Allemagne, dossier dirigé par Jean-Louis Georget *et alii*, No 252, avril-juin 2025

Les politiques culturelles extérieures de la France et de l'Allemagne, dossier dirigé par Nicole Colin et Joachim Umlauf, No 253, juillet-septembre 2025.

Les élections fédérales de l'automne 2025, dossier dirigé par Étienne Dubslaff, Paul Maurice, Hans Stark et Jérôme Vaillant, No 254, octobre-décembre 2025

Pour vous réabonner vous pouvez utiliser le bulletin intégré dans ce numéro ou vous rendre sur la page de la revue sur le site de notre diffuseur, les Presses universitaires du Septentrion : www.septentrion.com/fr/revues/allemagneaujourdhui/. N'hésitez pas non plus à vous rendre sur le site de CAIRN : www.cairn.info/revue-allemagne-d-aujourd-hui.htm où sont disponibles, en libre accès, les numéros publiés depuis 2013. Vous pouvez en outre vous y procurer, à l'article, les contributions des numéros les plus récents. Les numéros publiés depuis la refondation de la revue en 1966 jusqu'aux numéros de 2013 seront bientôt accessibles en ligne sur le site de Persée http://www.persee.fr/. Nous vous tiendrons au courant.

Pour mémoire, la revue est disponible sur le site de notre diffuseur et dans les meilleures librairies desservies par la SODIS.

Nous vous remercions pour votre soutien et comptons sur votre fidélité.

– Jérôme Vaillant –

Abonnement 2024

Presses Universitaires du Septentrion Diffusion
Rue du Barreau - BP 30199
F 59654 Villeneuve d'Ascq Cedex
Tél. : + 33 (0)3 20 41 66 80 / Fax : + 33 (0)3 20 41 66 90
Site internet : http://www.septentrion.com/fr/revues/allemagneaujourdhui/
Email : contact@septentrion.com

Tarifs 2024

Ordinaire 55 € (+ PDF, 65 €) - Étudiant 45 € (+ PDF, 55 €)
Soutien 80 € (+ PDF, 90 €) - Étranger 65 € (+ PDF, 75 €)
Prix du numéro ordinaire : 18 € (franco de port)

Règlement par chèque barré à l'ordre des PU du Septentrion
Virement à son compte bancaire : contacter Christophe Meurisse
Carte bancaire Visa : indication du n° de carte et de sa date d'expiration.

Les abonnements partent du 1er janvier. Sans avis contraire de l'abonné parvenant à Presses Universitaires du Septentrion Diffusion avant le 15 janvier, l'abonnement est automatiquement reconduit.

La revue Allemagne d'Aujourd'hui est éditée par l'**ACAA**, Association pour la Connaissance de l'Allemagne d'Aujourd'hui.

Le service de la revue est compris dans la cotisation annuelle. Mais il est possible de s'abonner à la revue sans appartenir à l'ACAA.

Des conditions exceptionnelles sont par ailleurs réservées aux membres de l'association pour toutes les manifestations que celle-ci organise.

15, avenue Foch - 59800 Lille
Présidente : Hélène MIARD-DELACROIX
Présidents d'honneur : Jean-Claude FRANÇOIS - Pierre ANGEL (1913-2007) - Jean FOURQUET (1899-2001) - Jacques GRANGE (1923-1999)

Pour adhérer :

Tarifs ACAA 2024

Droit d'entrée : 50 € (Étudiant : 40 €)

Cotisation annuelle :
Membre actif : 50 € (à l'étranger : 65 €)
Membre d'honneur : 80 €

ABONNEMENT / RÉABONNEMENT 2024

à retourner à Presses Universitaires du Septentrion Diffusion
Rue du Barreau - B.P. 30199 - F59654 Villeneuve d'Ascq Cedex
Fax : +33 (0)3 20 41 66 90 - E-mail : contact@septentrion.com
http://www.septentrion.com/fr/revues/allemagneaujourdhui/

L'abonnement 2024 comprend les Nos 247 - 248 - 249 - 250

Je soussigné(e) Nom .... Prénom ....
demeurant à *(adresse complète avec l'indication du code postal et du pays)*
....
....

O m'abonne / me réabonne pour l'année 2024

à la revue *Allemagne d'Aujourd'hui*

Tarifs 2024

Prix au numéro	18 € franco de port	O				
En France :	Ordinaire 55 €	O	Étudiant 45 €	O	Soutien 80 €	O
	Ordinaire (+ PDF) 65 €	O	Étudiant (+ PDF) 55 €	O	Soutien (+ PDF) 90 €	O
À l'étranger :	Ordinaire 65 €	O	Ordinaire (+ PDF) 75 €	O		

Ci-joint mon règlement d'un montant total de ....
O par chèque bancaire à l'ordre des P.U. du Septentrion
O par virement bancaire au compte des P.U. du Septentrion : contacter Christophe Meurisse
O par carte bancaire visa N° ....
expirant .... cryptogramme ....

Signature

Envoi de spécimen

Allemagne d'Aujourd'hui vous a intéressé(e). **La revue pourrait intéresser d'autres personnes que vous connaissez. Sur votre recommandation, nous ferons parvenir un spécimen** aux personnes dont vous nous indiquerez l'adresse :

Nom et adresse..
....
Nom et adresse..
....